学习能力是孩子一生的底气!

Activate Your Learning
Ability and Motivation

启动学习力
让孩子自主学习的秘密

崔宇 李榜源 著

石油工业出版社

图书在版编目（CIP）数据

启动学习力：让孩子自主学习的秘密/ 崔宇，李榜源著. —北京：石油工业出版社，2023.6
ISBN 978-7-5183-6030-7

Ⅰ.①启⋯ Ⅱ.①崔⋯ ②李⋯ Ⅲ.①学习兴趣–家庭教育 Ⅳ.①G78②G442

中国国家版本馆CIP数据核字（2023）第095049号

启动学习力：让孩子自主学习的秘密
崔宇　李榜源　著

选题策划：王　昕　谭　慧
责任编辑：王敏娴
责任校对：刘晓婷
出版发行：石油工业出版社
　　　　　（北京市朝阳区安华里二区1号楼　100011）
网　　　址：www.petropub.com
编 辑 部：（010）64523581
图书营销中心：（010）64523649
经　　销：全国新华书店
印　　刷：三河市嘉科万达彩色印刷有限公司

2023年6月第1版　2023年6月第1次印刷
710毫米×1000毫米　开本：1/16　印张：10.5　插页：10
字数：88千字

定价：49.00元
（如发现印装质量问题，我社图书营销中心负责调换）
版权所有，侵权必究

崔宇老师经常和林格教授交谈，在这个过程中完成对自身知识的更新

2022年7月31日,《赢在清晰——崔宇线下见面会》顺利举办

每次一对一线下咨询，崔宇老师都会鼓励家长做好"激发、引领、协助、陪伴"的角色

崔宇老师鼓励前来咨询的家庭全员到场，因为每个人都有自己的位序，别人无法取代

咨询过程中，让孩子感受到快乐是一件很重要的事情

对于每个前来咨询的家庭，崔宇老师都会强调基础知识的重要性

要想目标起作用,首先要醒目,其次要融入情感,最后要确定日期

每次线下讲学结束，心动的家长都不少，若是行动的家长多一些就更好

及时解决孩子在学习中遇到的困惑，他们学起来就会更有信心

通过一堂堂现场培训课,越来越多的人开始走进思维导图的世界

及时给优秀的学生颁奖,是为了肯定他们取得的阶段性胜利

推荐序

值崔宇老师的著作《启动学习力——让孩子自主学习的秘密》出版之际,很乐意接受邀请写几句话。

在谋求中国教育之改变的路上,有幸与崔老师同行。这些年来,多少次一起秉烛夜谈,多少次酒肆之间共同激越豪情,多少次同台授课,时时刻刻能感受到崔老师身上那种人格的力量。

或者干脆说,崔老师是一个身上有光的人。

教育,并不缺乏理论、知识、技术,缺乏的是光。一个有光的人,立在那里,让经过的人从此不再感到黑暗、迷茫。

这里的光,是人性之光,是道德之光,更是智慧之光。首先,它来自内心的仁慈和宽厚。崔老师从教以来,把所有的学生当作自己的孩子,把天下父母的痛苦当作自己的痛苦,即便自身处于痛楚之中,也仍然把微笑呈现给这个世界。其次,它来自诚意,对教育的诚意。对教育者自身生命价值的诚意,至诚无息,至诚如神,可以说,崔老师做教育把心都掏出来了。最后,它来自无我。崔老师向来遵循"行不得反求诸己、躬自厚薄责于人"的义理,始终把自己放在低处,谦卑向下,小自己大别人,将学习内化于心,外化于行。

拜读此书,字里行间中流露出来的,正是崔老师内心深处的仁慈、宽厚、诚意、无我,更是他力行近仁、亲自引领3000多位学子从平凡走向不平凡之后的一次全面总结,且在成书之时,又经过了反复的提炼、萃取,其中的每一句话都是极纯的,读起来不需经过大脑,直接就入心了。

最后引用明道先生的一首七言诗,表达我的祝贺和我此刻的心情:

月陂堤上四徘徊,北有中天百尺台;
万物已随秋气改,一樽聊为晚凉开;
水心云影闲相照,林下泉声静自来;
世事无端何足计,但逢佳日约重陪。

林格
2022年初秋

孩子不辛苦，
　　家长不焦虑

2022年春，一场严重的新冠疫情在全国肆虐开来，长春便是疫情的重灾区之一，整个城市都被迫按下了暂停键。一时间，家长不用去单位，孩子不用去学校，一家人整整齐齐待在家里，一起生活、工作、学习。

过去的二十多年里，在给家长、孩子做辅导的过程中，我其实发现了很多问题。但毕竟有学校兜底，有老师管着，情况没有那么糟糕，很多家长也没怎么放在心上。没想到因为疫情，这些问题在最近的两三年里集中暴露出来了。

先说说孩子。前来做咨询的孩子，十个有九个成绩不好，而且大都试了很多方法，依然没找到问题在哪儿；想帮孩子提高成绩，却找不到突破口；基础不牢固，孩子也不知道应该怎么办。一句话概括，就是成绩差、不学习、没目标、没动力、没信心。结果学校一停课，很多家长发现孩子在家不受老师管之后，好像完全不会学习了：不会预习、不会听课、不会做题、不会复习……老师要求的任务都不能保证按时、按质、按量完成,更不用说主动学些什么了。孩子读了十年书,结果连学习这件事还没弄明白,这是很多家长最不理解的地方。

其实,孩子不是突然不会学习了。就我过去二十多年的所见所感来说,很多孩子一直就不会学习,从习惯到方法全面缺失,结果课没少补,钱没少花,效果不佳。疫情只是如同一面放大镜,让这些我习以为常的现象被更多家长注意到了而已。

不过,孩子学习有问题,这事其实不能怪孩子,至少主要责任不在孩子身上。通过长期观察我发现,学习出问题的孩子,往往家庭成员间的关系都有些微妙。比如亲子关系比较紧张,不谈学习还能母慈子孝,一谈学习就鸡飞狗跳;又比如夫妻关系比较脆弱,双方教育理念不合,父亲埋怨母亲乱花钱,母亲埋怨父亲甩手掌柜,双方埋怨孩子不上进,等等。

人是环境的产物。换而言之,孩子就是家庭环境的产物。我经常跟来听课的家长打比方:家庭其实是个大的复印机,家长是原件,孩子是复印件。要想复印件没有问题,复印机就得正常运作,不要总出故障,原件一定要正确无误。

有句老话叫上行则下效。一家之主是父母,居于家庭的上位。社会是个大染缸,家长染了什么内容,回到家里就容易让孩子看到什么内容,并且给整个家庭带来潜移默化的影响。像夫妻关系、亲子关系、财产问题，等等，这些家庭问题的根源一定不在孩子身上，它们都是家长带来的。家长总跟孩子说，不要和坏孩子玩，其实家长日常生活中的不良言行，给孩子造成的影响远比那些坏孩子更长远、更深刻。因此，家庭教育绝不仅仅是教育孩子，它的内涵其实是家庭良好风气的建设问题。

很多时候孩子好改变，但家长难改变，这也是家庭教育的理论、方法俱全，却很难在家庭中真正践行的原因。所以，我从来都认为，要想孩子向着好的方向发展，家长就要亲自做表率，给孩子做好榜样。家长本身改变了，问题的根源解决了，孩子的问题自然而然就解决了。

一直以来，我的工作都分成两大板块。一部分指导孩子高效学习，优先解决眼前的表层困难，像早期的思维导图课、现在的高效学习法都是如此；另一部分则是给家长提供指导，帮助营造良好的家风，为孩子乃至整个家庭未来的成长、发展提供一些力所能及的帮助，通过一系列措施让"孩子学习不辛苦，家长教育不焦虑"。

正如前面所说，要想孩子学习进步，掌握高分密码实现飞跃，仅仅催促孩子努力是远远不够的，还需要父母鼎力支持，从自己做起。基于这一出发点，我将全书分成了知人性、知养育、知学习、知规律、知方法五大板块，为身陷学习困境的孩子，为苦苦焦虑的家长提供了一系列切实可行的方法论。每个板块解决一大类问题，大家可以各取所需，翻阅参考。

找准一个目标，选择最合适的方法，然后全力以赴。世上所有事情，要想做好，都离不开这个基本逻辑。我想告诉家长、孩子：没有学不好的孩子，只有没找对方法、等待进步的孩子，不管家长从事什么工作，收入高与低；不管孩子读理读文，考多少分、排多少名。关键在于执行，再好的药，只是舔一舔都没有效果。

书中的内容是我二十余年教学经验的总结与分享，对于一些有急切需求的家长和孩子，我们也提供了专业的解决方案。孩子成绩再糟糕，家长内心再焦急，都不要让孩子陷入盲目补课、刷题的怪圈之中，时间紧迫更要找对方法。已经有成千上万名孩子验证了我的这些方法，我只希望大家少走弯路，把更多的时间和金钱花在拓展视野等更有意义的事情上。

时间仓促，书中难免存在疏漏之处，还请阅读此书的专家、老师、家长、孩子不吝赐教。万分感谢！

2022 年 10 月

做"有光的"教育

2022年是我与恩师崔老师相识的第五年,我也算是老师教育成果的观察者、见证者。初识老师时,他不是奔走于各大学校做课程宣讲,就是躬身于某个学生的身旁做私人辅导。正是这每年近百场的讲座、上百次的一对一指导,老师才能够与成千上万的家庭、学生直接对话,有了这些实践产生的经验智慧,才逐渐形成今天"简单却极其有效"的方法体系。

抓住事物的根本是老师一直强调的教育原则,其中有个小技巧叫"抄例题"。我最初不明白其中的深意,甚至觉得有些"小儿科",结果居然真有一位学生因为认真落实了这件事而考入了北大。后来他反馈给老师吃透例题的效果,就是所有考题一眼就能看穿,因为所有母题早已存进脑海,万变不离其宗。尽管有了鲜活的例子,但我仍然疑惑,为什么老师不把这件事情说得复杂、高大上一些呢?说得太简单、直白,会不会让人不珍重,觉得这方法没什么稀奇?

我把这些顾虑跟老师说了之后，老师语重心长地告诉我，前来找他咨询的孩子，大都是成绩倒数的孩子，不是学习遇到了困难，而是遇到了障碍，从这个角度来说，帮他们树立自信是第一位的。建立自信，尝到甜头，感受到学习的效果，才能循序渐进、逐步提升。这也是老师所强调的，要基于人性做教育，毕竟所有人都追求快乐、逃避痛苦，所有人都喜欢简单、厌恶复杂。这其中展现的人性光芒让我深深折服。后来，承蒙老师关爱，我能有幸和老师一同研究、推广这些方法，然后发现越是深入做这件事，我越笃定这套方法只要理解了、实践了，成绩不可能不提高。

这个世界上没有什么是不朽的，除了真理。这套学习方法，我认为它就揭示了一种学习的真理，那就是抓住学科的本质，学习就能四两拨千斤。所有学得好的同学，天赋的作用真的微乎其微，关键还是找到了正确的学习规律与方法。

我的一位好朋友，他从高一到高考，一直都是全校第一，下课就到处找我们聊天，回家除了正常完成作业，也不做什么额外练习。我当时就特意观察过，他最异于常人的地方，就是上课时极其专注，牢牢抓取课堂上的每一个信息点，整

个人听课时仿佛进入了另外一种状态。跟着老师学习几年，我就明白了这其中的道理，他就是抓住了学习的本质，把认真上课这件事做到极致，学习才无比轻松的。

无独有偶，我另一位在武汉大学攻读博士的好兄弟也是一样。他高中时做题就极快，答案又准，再复杂的题目，基本上也就是看一眼就知道思路，稍稍推导计算就能得出结果。为什么呢？因为理科的题目再怎么变，都绕不开那些公式定理，真正会学习的人，从不把盲目刷题放到第一位，而是先吃透课堂讲的基础知识和公式定理，一看到题目就明白背后的本质，做到融会贯通，举一反三。这是学好理科的根本。

仔细回想，其实我自己也是一样。读书时，我是别人眼中的"天赋型学霸"：不费吹灰之力，中学就保送进了重点实验班，高考轻轻松松就拿了600多分，最后顺利进入了全国一流的吉林大学汽车工程系。满分为100分的高考生物，我当时考了96分，貌似是当时全班最高分。对此我既感到意外，又觉得理所当然。意外是因为分数，毕竟当年生物其实非常难，走出考场的人都在唉声叹气；而觉得理所当然，是因为我发现所考的题目，大都源于课本。我特别喜欢生物。课外阅读时，我也会试着寻找这些内容与课本知识的联系。

可以说，正因为我非常熟悉课本，对大家不注意的知识细节都很留意，这才让我在高考考场上如鱼得水，获得高分。而这，恰好就是老师一直强调的"以书为书，以本为本"。

我的语文成绩不错，曾经拿过全市语文阅读竞赛的第一名、全市作文比赛的第一名，文科其他学科也不弱。要说背后有什么方法，可能就是喜欢挖掘"知识背后的知识"。和理科不同，文科知识宽广而发散，更强调"举三反一"，即懂得三份知识，但只输出一份最好的。这其实是一种"把知识上升到文化"的思维方式。文科真正学得好的人，不仅能掌握课本知识，往往还能说得出背后的故事，有了这些纵横关联，他们的文科知识结构早已成网，这样做起题来自然是信手拈来。而要做到这一点，靠的绝不是死记硬背，关键是抓住核心要素，不断延展，深度理解。

比如鲁迅这个众所周知的人物，有的同学仅仅是知道有这个人，但有的同学不仅了解鲁迅弃医从文的人生经历，还知道这个名字是在他在发表《狂人日记》时才启用的，而这部作品也是中国第一部现代白话小说。就"鲁迅"这个知识点来说，后面那部分同学无疑掌握得更好，因为他们把相关的知识都串联起来了，所以理解得更准确、全面。这种方法就是文科学习的精髓,也就是老师常讲的"5W1H"六维分析法。

不过说到外语,恐怕我是一个反面教材了。我的外语成绩一般,高考费了好大力气才考了120多分,而我的同学中,外语考得好的得了140多分。我一直都知道到自己在外语学习上和他们有很大差距,但直到高考结束也没有找到好的外语学习方法。那个时候我对外语学习的感觉就是单词和词组搭配背了也容易记错、用错,写句子也是语法错误不断,要想真正学好外语纯看天赋。

和老师一起工作后,他的一番话让我醍醐灌顶,一下子就明白之前外语成绩总是提不上去的原因。老师告诉我,学好外语要依靠语感,而语感来源于对语言的熟悉程度,单词量固然有用,但如果只有单词,没有语感,这样是学不好外语的;要把单词放到句子中,吃透句子的同时理解单词、词组,这样才能培养语感,成绩才会慢慢提高。我们很多学员就是使用了这种方法,外语成绩突飞猛进。

上面这些高效的方法,书中都会系统提到,我也就不再多说。希望各位同学能先理解方法背后的原理,理解到位之后再多加实践。

在我看来，教育总体可以分为"有光"和"无光"两种：能够点亮人心，让人内在绽放的，是"有光"的教育；只能传递知识，让人接受或者习得的，是"无光"的教育。这个世界的知识体系极为宽广、复杂，唯有点亮心灯，唤醒智慧，受教育者才能驾驭知识，通达无碍，取得成就。可以说，与老师一起做的教育，就是我心目中"有光的"教育。

2021年春，借助网络的力量，老师的方法得以迅速传播，受众迅速变多的同时，我也亲眼见到了更大幅度的进步。老师的一对一辅导模式，之前的最高提分记录是15天提高各科总分100分，2021年7月，一位我们线上课的学员做到了10天提高124分。可见，只要方法得当，认真落实，进步都是显著的。看到这些同学的进步，多少次我都感慨，如果再让我回到学生时代，能把这些方法都运用起来该多好。

为了让中国更多的学子掌握这套方法，了解老师这20年的经验智慧，我们决定出版这本《启动学习力——让孩子自主学习的秘密》，把我们的经验、方法都分享出来。承蒙老师提携，我有幸一同撰写，感激之余又有些惶恐，只能倾己所能，奋力一试，书中如有不妥之处，还望指正。

言而总之，感恩老师与长伴未来团队给予我投身教育事业的机会，也衷心希望老师花 20 多年积淀下来的这套方法能让更多的学生受益，让更多的家庭氛围和谐。我相信在未来不久的时间里，在中国教育的星空中，必有一道独特而耀眼的光，持续指引后人去追寻教育的本质。

是为序。

李榜源

2022 年 10 月

目录
Contents

壹 · 知人性：律己与换位

要点 1　所有人都"看人下菜碟" / 002

要点 2　我所理解的"因材施教" / 003

要点 3　家长要准备五种给予 / 005

要点 4　给孩子掌声 / 007

要点 5　让孩子做他喜欢的事 / 009

要点 6　表扬要借别人的嘴 / 010

要点 7　别在家里夸别人的孩子 / 011

要点 8　别为孩子找借口 / 012

要点 9　孩子的五种类型 / 013

要点 10　困惑是一切问题的根源 / 015

要点 11　让灰心的孩子看到希望 / 016

要点 12　老师喜欢的五种孩子 / 017

要点 13　学会自我反省 / 019

要点 14　己所不欲，勿施于孩子 / 020

要点 15　批评式教育是没有用的 / 022

要点 16　什么是"有效批评" / 023

要点 17　有压迫的地方定有反抗 / 024

要点 18　人有两种境界 / 026

要点 19　改变来自恐慌，进步源于渴望 / 027

要点 20　输得起，很重要 / 028

贰 · 知养育：上行与下效

要点 1 激发、引领、协助、陪伴 / 032

要点 2 每个家长都要"深度觉醒" / 034

要点 3 孩子是熏陶出来的 / 036

要点 4 多给孩子带好样 / 037

要点 5 自满的孩子来自自满的家长 / 038

要点 6 说教不如分享 / 040

要点 7 厌学的五大苗头 / 041

要点 8 孩子厌学往往因为家长不学 / 043

要点 9 家庭的秩序就是安分守己 / 044

要点 10 孩子为什么不听你话 / 045

要点 11 及时闭嘴 / 047

要点 12 3X 交流法 / 048

要点 13 跟孩子多用数字交流 / 049

要点 14 认真是一种能力 / 051

要点 15 把标点符号写完整 / 053

要点 16 受用一生的"四生教育" / 054

叁 · 知学习：学而与时习

要点 1　"学会接受"与"懂得生成" / 058

要点 2　接受知识就要多看、多听 / 059

要点 3　学习知识需要"生成" / 060

要点 4　"生成"是很重要的学习能力 / 061

要点 5　初为学，复为习 / 062

要点 6　"习次数"与"习知识" / 063

要点 7　学前习、学中习、学后习 / 064

要点 8　不求法，不得法 / 065

要点 9　学习要"务本" / 066

要点 10　自主学习≠自己学习 / 067

要点 11　被误会的"预习" / 068

要点 12　复习就是"学而"且"时习" / 069

要点 13　清晰是学好的灵魂 / 070

要点 14　学习要有"守破离"的心态 / 071

要点 15　为什么必须学会主动学习 / 072

· 肆 ·

知规律：觉悟与能力

要点 1　既快又稳的涨分秘诀 / 076
要点 2　目标启动内驱力 / 077
要点 3　视觉化、情感化、日期化 / 078
要点 4　落实有"三动" / 081
要点 5　为什么多数补课没有效果 / 082
要点 6　进步三部曲：基础、做题、拔高 / 083
要点 7　基础好，不愁考 / 085
要点 8　信手拈来即深刻 / 087
要点 9　预防大于治疗 / 088
要点 10　回归学科的本质 / 089
要点 11　会提问的孩子考得好 / 091
要点 12　把问题主动暴露出来 / 094
要点 13　敦促落实：三分教，七分等 / 095
要点 14　笨法子的力量 / 096
要点 15　再好的药，舔一舔都不治病 / 098
要点 16　现在学还来得及 / 099
要点 17　成长与进步，都需要等待 / 100
要点 18　我为什么要跟孩子直播连麦 / 102

伍 · 知方法：清晰与落实

要点 1　深刻、通透、解决 / 106
要点 2　在什么阶段，定什么目标 / 107
要点 3　精通"三定"，玩转理科 / 108
要点 4　理科学习四步法 / 110
要点 5　学文科用"5W1H"六维分析法 / 112
要点 6　史地政不要死记硬背 / 113
要点 7　语文如何拿高分 / 116
要点 8　学外语要做好"两个翻译" / 118
要点 9　培养语感的三个技巧 / 121
要点 10　思维导图六步法 / 122
要点 11　用思维导图把厚书读薄 / 125
要点 12　如何把长期学习化整为零 / 127
要点 13　问什么、怎么问 / 130
要点 14　准备一个错题本 / 131
要点 15　认真听课的"一不三会" / 133
要点 16　读书要"四到" / 135
要点 17　我不鼓励冲刺 / 136
要点 18　高效冲刺的四大关键 / 137
要点 19　有没有效，做了才知道 / 139

后记

我为什么想帮孩子启动学习力 / 144

壹

知人性：律己与换位

要想看到明显的进步，获得好成绩，需要与人的很多天性做斗争，比如懒惰、畏难、渴望及时反馈、渴望肯定，等等。因此，我不主张一开始就讲各种所谓的宝典、秘籍，而是先换位到孩子的角度，以理解的心态陪伴进步。己所不欲，勿施于人。孩子不抵触，什么都好说，否则就一切免谈。

启动学习力：让孩子自主学习的秘密

要点 1
所有人都"看人下菜碟"

人总是对自己真正尊重的人怀有敬畏之心。很多父母怀着一种朴素的观念：孩子应该无条件尊重父母。从伦常角度来说，这没有问题。但事实上，发自内心的尊重并不来自辈分或血亲，而是父母言传身教的影响。

> 你觉得孩子尊重你吗？

孩子长大了，接触的人和事多了，思维成熟了，他们也会横向比较，拿自己的父母和同学的父母去比，判断父母做得好不好，说话的内容、场合、时机是否合适，然后决定自己要不要听。如果在很长一段时间里，孩子都觉得父母做得不好，说得不对，即便有朝一日父母偶尔做得好、说得对，孩子也会习惯性地不听。

所以，作为父母也别忘了坚持学习，不断提高自己，不管接受与否，这都是事实。父母越早意识到自身的问题并改正，带来的影响越小；越拖延回避，问题越严重。

作为父母，你有多久没有学习了？

壹·知人性：律己与换位

要点 2
我所理解的"因材施教"

有些细心的家长发现，我们面对不同的孩子，指导的方式不太一样；就算面对同一个孩子，不同时期也有不同的要求，便很好奇我们这样做的标准。其实，这也是根据多年的经验总结而来的。

一般来讲，孩子的总体状况可以分为弱、中、强三档。

1. 弱的孩子要哄着来

刚到我这里接受咨询指导的孩子，大多数比较自卑，缺乏自信，这样的孩子要先给他们温暖，用一些关爱的话让他们感受到希望。

学习与进步都有一个过程，哪怕现在孩子身上有很多明显的错误，也不要急着批评，要理解他们现在的处境。毕竟哪个孩子不想学习好、分数高呢？

2. 中等孩子商量着来

经过一段时间的辅导，孩子和老师比较熟了，基本功得到了一些巩固，自卑感降低，愿意敞开心扉交流时，有些话就可以直说了。这时可以跟孩子商量，要不要挑战更多的学习任务、能不能定更高的目标、可不可以用更快的速度来完成，等等。

总而言之，通过商量的方式让孩子加快脚步，努力弥补过去的不足。

3. 学习力强的孩子推着来

底子好的孩子和经过了前两个阶段系统历练的孩子，由于有不错的成绩做支撑，往往自信心比较强，对自己也有更高的要求，这时我们就要把以前记录下来的优点尽量告诉孩子，告诉他们过去的成绩大家有目共睹，不过潜力还很大，完全有能力更上一层楼。通过这种方式增强他们的自信心、责任心，推着他们往更好的方向发展。

> 你了解自己的孩子吗？你觉得他（她）是哪一档？

要点 3
家长要准备五种给予

通过二十多年的教育实践,我发现有很多东西家长应当及时、充足地给予孩子,却因为种种原因而没给,结果导致孩子出现各种各样的问题。我把它们总结为"五种给予"——给予希望、给予信心、给予快乐、给予关怀、给予自由。

1. 给予希望

要让得重病的人不放弃治疗,首先得让他相信自己还有救。教育孩子也一样,想让他们往好了变,首先要让他们看到还有变好的希望。最简单的方法就是在不足之中找优点。

有的孩子学习成绩不一定很好,但卷面非常干净,这时可以说:"你的卷面很干净,板书整洁有序,说明你做事小心谨慎,能'慢工出细活'。"如果学习不好,字也不好呢?那也没关系,孩子一定有做得好的地方,比如:懂礼貌、有爱心、思维灵活、言而有信,等等。孩子一定有优点,可能你没看出来,或者根本没当回事。

2. 给予信心

孩子的自信是家长"信"出来的。不论输赢,先肯定孩子的努力;鼓励孩子自己动手解决问题,从他感兴趣的事情开始做；别嘲笑孩子提出的幼稚问题，呵护他们的好奇心；让孩子通过自己的努力获得进步，而不是通过你的人脉关系；允许孩子时不时地搞砸事情，让他们不畏惧失败；敢于让孩子多接触新面孔、新事物……遇事就讲道理，还不如及时说句"不要紧，没关系，爸爸妈妈相信你！"

3. 给予快乐

给孩子买一万块钱的礼物，不如让他拥有感受快乐的能力。最简单的快乐是在运动中释放，让孩子以他们的方式玩耍；允许孩子放声大笑，允许孩子偶尔发呆；尊重孩子表现自我的机会，同时教孩子学会帮助他人；专心听孩子讲话，及时肯定孩子的进步；抛弃力求完美的教育方式，让孩子相信没有解决不了的问题。最后，身为家长，要记得常常对孩子微笑。

4. 给予关怀

父母能给孩子的最好的关怀不是提供多么优越的物质条件，而是和他们感同身受。每一位家长都是从学生时代走过来的。家长在小时候，上课开过小差吗？缺过作业吗？逃过课吗？考砸过吗？被老师批评过吗？……孩子今天也只是犯了成长中常见的错误，何不感同身受地告诉孩子："这些事情不好，爸爸妈妈读书时也犯过，但我们改正过来了，所以现在就没有问题了，你是不是也可以做到呢？"

5. 给予自由

每个家长都望子成龙、望女成凤,为孩子成长而着急的心理可以理解,但冰冻三尺非一日之寒,孩子身上的那些问题都不是一两天形成的,改变、成长都需要时间,与其急啊、催啊、逼啊,不如多给他们一些时间、自由。

不要眼见孩子上了一节课,马上就希望见到效果;不要教给孩子一种方法,恨不得他一次就能学会;不要辅导孩子一次功课,就希望孩子能一通百通……我们距离孩子的改变,往往只差多给一点时间。

> 这"五种给予",你给过孩子几种?

要点 4
给孩子掌声

这节内容开始前,我有个问题想问家长:假设孩子写了十个字,有八个写得非常漂亮,有两个有点丑,这时你会怎么做?

启动学习力：让孩子自主学习的秘密

有舞台经历的人，往往都有这样的感受——观众的掌声就是氧气。台下的掌声越热烈，台上的人越容易超常发挥。为什么？因为掌声就是鼓励与肯定。

平时的生活中，我们也需要及时鼓励与肯定。辛辛苦苦张罗了一大桌子饭菜，如果家里人个个说菜做得好，做菜的人就有动力，再辛苦心里也高兴；如果一句表扬没有，全在挑三拣四，做菜的人是什么感想？精挑细选给爱人买了一份礼物，如果爱人说这礼物买得太好了，买礼物的人会有成就感；如果收礼物的人没有一点表示，甚至嫌这嫌那，买礼物的人是什么感想？

孩子来到这个世界，很多事情都是在尝试中进步的，这个过程中他需要鼓励与肯定。孩子刚学说话时经常说不对，但大家都会觉得这很正常，并且觉得孩子会犯这样的小错很好玩、很有趣，通过一次次鼓励、一遍遍纠正，孩子就学会说话了，而且往往给孩子试错的机会越多，孩子说得越好。如果一说错就批

> 你会因为小事没做好而批评孩子吗？你会因为小事做好了而表扬孩子吗？

评,孩子就永远说不好,因为他怕说错会挨批评。

学习也是一回事。但问题在于,一碰到学习的事,父母的态度仿佛就变了。学习是一个由不会到会的过程,期间难免犯错,但大家就觉得孩子应当讲一遍就懂,做一次就会,没做到就严厉批评、责骂。当孩子因为怕挨骂而不敢试错时,他又怎么进步呢?

所以,回到最开始的问题。大家其实只要肯定孩子写得好的那八个字,孩子下次就会知道,按照这八个字的标准写就会被表扬,赞赏和鼓励是促使孩子进步的有效方法之一。写作业也很辛苦,辛苦做完的事情还要被批评,孩子又怎么有动力把它做得更好呢?

要点 5
让孩子做他喜欢的事

很多家长都问过我这样的问题:

现在哪些专业是热门专业?

现在哪些行业比较吃香?

您觉得我孩子长大了做什么好?

……

望子成龙是每个家长的心愿,大家都希望孩子通过努力

启动学习力：让孩子自主学习的秘密

> 你知道孩子真正喜欢什么吗？

能有一个比较好的前程。不过，我认为读专业、选工作这样的事情不要盲从大流，也不要一味追逐热点，最好能跟孩子的特点与兴趣爱好相匹配。

多年来的教育经验让我坚信，一个人一生最幸运的事，是做自己喜欢的事情，并且把它做成事业，这样在养家糊口、积累财富的同时，还能享受工作带来的快乐，简直两全其美。

要点 6
表扬要借别人的嘴

有家长跟我说，自己想尝试表扬孩子，但效果总是不太好，自己觉得别扭，孩子好像也不当回事。

我给个建议，不妨借别人的嘴来表扬孩子。比如：

夸孩子认真——"我听班主任讲，你最近学习非常认真啊！"

夸孩子懂事——"我听小姨说，你

在她家住的那几天非常懂事，她一直在表扬你！"

夸孩子有礼貌——"我听楼下张大爷说，你看到他会主动打招呼，还会力所能及地帮忙，大家说你特别有礼貌。"

……

借别人的嘴表扬，孩子会觉得自己得到了更多人的肯定，内心觉得自己真的做得还不错。

不过要注意，表扬的内容一定要真实，不要无中生有，更不能颠倒黑白。

> 你上一次表扬孩子是什么时候？

要点 7
别在家里夸别人的孩子

很多家庭都有一个"彩虹夸夸群"，群里挤满了别人家的孩子，这些孩子仿佛生来就优秀又听话。然后一个星期下来，跟自家孩子的对话就变成了"一三五吹，二四六黑，剩下一天自由发挥"。不少家长喜欢通过这种"对比"

和"激励"来逼自己的孩子进步。

有句话叫"长他人志气，灭自己威风。"经常在家夸别人的孩子，从来不夸自己的孩子，就会带来类似的副作用。时间一长，孩子很容易逆反、埋怨、不屑，亲子关系也会受到影响。

稍微换位其实很好理解，家长能看见别人家的孩子，孩子也能看见别人家的家长。如果孩子有朝一日对你说："你看看人家的爸妈！"或者当你知道自己孩子在外面说："某某的爸妈真好，真贴心，不像我爸妈，哎……说多了都是泪。"听到这些你会不会生气？会不会埋怨孩子没良心？你能不能听到这些后，还心平气和地接纳孩子说的每一个字？

别人家的孩子也是父母教的，不是天生就那么优秀。自家的孩子，该夸就夸，别舍不得。

要点 8
别为孩子找借口

孩子成长过程中难免犯错，家长要对此给予包容。但很多时候，包容容易变成无条件的溺爱与无原则的接纳。

"我的孩子就是太懒了，不然也可以很优秀。"

"考试题目太多了，多给几分钟他也可以做完。"

"老师讲课不认真,所以他学习一直不好。"

……

包容的本质是给孩子一定的犯错机会,但有错就要立即改,而不是遇事为他们找借口。

如果孩子的不足,家长不承认、不进行正确引导,孩子就会觉得自己没问题。如果家长还帮着找借口,孩子就会更加坚信问题不出在自己身上。一旦平时纵容的事情慢慢变成坏习惯,再改起来就很难了。

要点 9
孩子的五种类型

人都有优点,只要好好利用,都能靠优点吃饭,并且都能在这些领域有所发展。各位家长不妨静下心来观察自己的孩子,看看他们身上有什么样的特点,然后为他们打造合适的平台,给他们提供恰当的帮助,引导他们成长。

一般来说,孩子可以分成五种类型:

1. 专业型的人

有些孩子对某个领域特别感兴趣,如果能呵护孩子的兴趣,鼓励他们聚焦一个点刻苦钻研,成为某个领域的专家将是他们的最好归宿,包括但不限于律师、医生、科学家、老师、饭店大厨等一切专业型人才。

2. 创新型的人

有些孩子思维反应很快，总能冒出新主意、新点子，对寻常的事情有独到的看法，他们往往是搞发明创造、广告创意、艺术创作的天选之子。

3. 整合型的人

有些孩子在人群中总是闪闪发光，小时候是孩子头儿，长大了也喜欢把大家团结在一起，愿意张罗事儿。这样的孩子具有很好的组织能力。

4. 顾他型的人

有些孩子心思细腻，而且特别懂得照顾别人，这类人情商高、人际关系好，很适合坐在办公室主任、总裁助理或HR之类的位置上。

5. 高尚型的人

有些孩子从小就表现出特别高尚的品行，成长过程中严于律己，愿意帮助他人，他们长大后容易成为人们学习的榜样。

当然，孩子可能在多个领域都表现精彩，这样适合他们的选择也就更多。总而言之，顺应孩子的特点，孩子更容易取得成功，而且孩子少走弯路，家长少操心。

要点 10
困惑是一切问题的根源

内心有困惑而没有及时得到解决,这往往是孩子出现各种问题的根源。

困惑的孩子渴望找到突破口。在这个过程中,孩子会用自己的方式努力,看不到结果就会焦虑,产生负面情绪,甚至可能病急乱投医,到处询问、尝试。如果这个时候父母就能发现孩子的异常,找准问题对症下药,很容易就能让孩子回到正常的状态。

困惑的时间越长,孩子就越容易灰心。灰心的孩子没有目标,会失去动力,挨批评也不生气,被表扬也不高兴,每天的学习主要靠应付,补课也只能让孩子短期的成绩有所提高。这时的孩子往往两眼无神,还会变得喜欢独处,不愿意和同学交往,也不喜欢跟父母交流。如果这个时候能帮助孩子也还来得及。

孩子灰心的时间长了,看不到希望,就会开始混日子,内心也容易滋生怨恨,也就是俗话说的"破罐子破摔"。走到这一步,往往就是家庭悲剧的开始。

> 孩子会跟你吐露内心的困惑吗？你知道他（她）正面临什么样的困惑吗？

所以，当孩子出现问题时，看看他们在哪里遇到困惑了，帮他们寻找原因。气头上的责骂，很容易将孩子推进深渊。

要点 11
让灰心的孩子看到希望

一个人长期处于困惑中，几经尝试却看不到改变，很容易就会灰心。孩子一灰心，就会认为自己差到无可救药。

就像治病要找准病根一样，孩子灰心了，不要急着拉他们去补课，也不要气急败坏地批评、责骂，而是先要让他看到希望。想让一个病人好好配合治病，肯定得说"你这病不严重，能治。"而不是说"哎，能吃点啥好的，就吃点吧……"这样的话。

面对因为成绩糟糕而灰心的孩子，我往往会先花点时间，教会他使用思维导图，让孩子迅速找到信心。通过多年的实践，我发现这是一个能让孩子迅速获得希望的神奇工具。

紧接着，我会在了解孩子情况后，帮着他设定一个可以实现的目标，并且给他讲解学习背后隐藏的规律。只要掌握了规律，即使落下了很多功课，要赶上来也不是什么难事。

平时的直播过程中，我也会通过多种方式唤醒孩子心中的热情与希望。

孩子灰心不可怕，只要及时为他们点燃希望，解决困惑他们的问题，这群孩子的改变都是立竿见影的。

> 你的孩子容易灰心吗？孩子灰心时，你是怎样帮他（她）的？

要点 12
老师喜欢的五种孩子

好的关系大于一切教育。作为教育过程的重要环节之一，几乎每一位家长都希望能跟老师处好关系，继而让自己的孩子被老师重视。

亲其师，近其道。想得到老师的关

注，首先要从自己做起。孩子的行为得体，态度积极，自然就会吸引老师的关注。一般来讲，以下五种孩子容易得到老师的关注：

1. 善于提问

善于提问意味着善于思考、善于表达，和这样的学生交流，老师也能更好地展现自己的才华，去激发学生的潜能和学习力。

2. 积极回馈

一道百思不得其解的问题，经过老师的讲解和提示之后，学生豁然开朗，然后把这种喜悦的心情反馈给老师，这样做能让老师获得成就感。通过自己的工作让学生受益，这是老师职业幸福感的重要来源。

3. 懂得感恩

一个老师有时要同时面对几个班、百十来个同学，相当于要为百十来个家庭解决困惑，但他们的压力和困惑却无人能懂，很多时候只能自己默默承受。如果孩子考试进步了，心灵成长了，能发自内心和老师说一句"老师您辛苦了！""老师我爱您！"老师的内心都会无比感动。

4. 勤奋努力

对于绝大多数人来说，勤奋努力都是取得成就的必经之路。对于勤奋努力的孩子，老师也乐意助他们一臂之力，让他们能取得更好的成绩。

5. 有梦想有目标

有梦想、有目标的孩子大多都思维活跃、积极乐观、很有主见,对班上的同学有积极的引领和带动作用,没有哪个老师不喜欢这样的孩子。

要点 13
学会自我反省

在家庭教育的工作中,个体咨询是一项非常重要的工作,其中涉及人际矛盾与心灵受伤的案例占了不小的比重。

一段关系的维持,离不开双方的共同努力。一段关系如果出了问题,双方其实都应当坐下来自我反省。

比如,当你觉得爱人让你生气、孩子让你抓狂、周围的人让你无奈时,不妨考虑考虑,在这件事情上,你有没有做错了,或者没做到位的地方。

像孩子向我倾诉,说爸爸妈妈骂他了,我会问孩子,你觉得自己有没有哪里做得不好,可能会让你的爸爸妈妈生气;

家长跟我抱怨孩子不听话时,我会引导家长,思考平时与孩子相处时,有没有忽略孩子感受、不顾孩子自尊的时候;

老师跟我诉说学生对她不尊重时,我会询问这位老师,平时带班时有没有说过什么不好的话、做过什么不好的事,让学生对你敢怒但不敢言；

……

自我反省不是一件能让人开心的事情，但学会了自我反省，对解决实际问题很有帮助。

正如孟子说的"行有不得，反求诸己"[1]，以及苏格拉底[2]说的"我是一切的根源"，你变了，你看世界的眼光、遇事的态度才会真正改变。

[1] 参见《孟子·离娄章句上》。
[2] 古希腊哲学家，西方哲学奠基人。

要点 14
己所不欲，勿施于孩子

当家长的，难免为孩子的犯错而生气，像端盘子把碗打了、踢球把玻璃砸了、考试成绩一出把人气疯了……这些事情都可能发生，而且不止发生一次。

但是，很多家长在教育孩子时，往往不是奔着解决问题的目的去的，而是在简单粗暴地撒气：

"脑子进水啦？"

壹 · 知人性：律己与换位

"今天忘了吃药啦？"

"要我说几遍你才听得懂？"

"你还能再蠢点吗？"

"这辈子最后悔的两件事，一件是嫁给了你爸，一件是生了你这么个埋汰货！"

……

爽快地骂完之后，孩子哭了，你的气消了，"教育"就算完事了。

> 你平时责骂孩子吗？骂得难听吗？

有些家长为了不让孩子再犯，想把苗头"扼杀在摇篮里"，经常穷追猛打、异常严厉地逼孩子改错。有些家长见不得孩子犯错，稍有不对，经常带着情绪劈头盖脸一顿臭骂。这其实都没啥用。

批评的目的是为了帮助孩子改错。然而骂孩子千遍万遍，孩子就是不改变，不少家长面对这类场面都很恼火："我都如此用心地批评了，孩子为啥还不改呢？"因为这类批评大都以宣泄家长心中的怒火为主，并不能真正帮助孩子改错，因此属于"无效批评"。

如果你自己不能接受被这样批评，那就不要用这种方式批评孩子。

启动学习力：让孩子自主学习的秘密

要点 15
批评式教育是没有用的

很多家长找我做咨询时,喜欢先给孩子下结论：

"老师,我的孩子懒,您多督促下。"

"老师,我的孩子脑子笨,您多费费心。"

"老师,我的孩子有多动症,您该管就管。"

"老师,我的孩子字写得丑……"

我不太赞同这种"丑话说在前面"的批评式教育,因为上来就给孩子这样一个评价,就相当于给他们贴上了标签。正面标签贴得越多,孩子的信念就越足,缺什么夸什么,夸什么来什么；负面标签贴得越多,孩子的负担就越重,越差越贬,最后就会越贬越差。

另外,孩子取得一些小进步想得到肯定时,家长总要从里面挑一些毛病,

你用这种方式给孩子挑过毛病吗？

并自认为这是防止孩子骄傲自大的好方法。比如孩子考了班上第一,家长就喜欢纠结为什么只考了99,剩下1分丢哪了;或者告诫孩子"人外有人,天外有天"之类的大道理。

一个班级就一个第一,这是孩子在小战场的胜利,我们表扬一句,孩子会因为被肯定而继续努力。反过来,死抠孩子丢掉的那一两分,表面看是严格要求,其实说明家长缺乏表扬的能力。

没有人喜欢被批评。当然,该批评时要批评,但如果孩子的成长中只有批评,长期得不到正面肯定,孩子就会认为自己确实不行。

要点16
什么是"有效批评"

不得不批评时,请"有效批评"。

我儿子小时候犯过一个男孩在成长中很容易犯的错误——踢球把邻居家的窗户玻璃弄碎了。我知道这件事时,邻居已经找上门。我二话没说,给邻居赔了钱、道了歉,让儿子向邻居做了检讨。

息事宁人之后,我关上房门,心里虽然很气,却没有大动干戈。冷静之后,我对他说:"你踢球把别人家的窗户玻璃弄碎了，你犯了错却没有及时告诉我，我很难过；邻居找上门来，说碎玻璃渣弄得家里到处都是，我担心你有没有受伤，直到确认你和别人都没事我才安心；我知道你不是故意的，但要记住犯了错就要勇于承担，不要逃避；以后玩耍时不管多么尽兴，都要时时刻刻注意安全。希望你记住今天我说的话，并且做到。"

神奇的是，后来我的儿子再没有犯过类似的错。这次的教育给了我很大启发，结合后续多年的教育观察和实践，我总结了一个有效批评的公式：

有效批评＝陈述事实＋表达感受＋保住人格＋表达期待

先把孩子没做好的事实讲清楚，这叫"陈述事实"。

再把家长自己的感受跟孩子讲清楚，这叫"表达感受"。

无论如何不要辱骂孩子，这叫"保住人格"。

指出问题的同时让他们看到希望，这叫"表达期待"。

宽恕并且还给他们力量，这样才能真正帮助孩子成功改错。

要点 17
有压迫的地方定有反抗

人们在酒桌上常说："我干了，你随意。"当你真的端杯干了时,对方往往跟着就干了!

可是,如果把这个规矩反过来变成"我随意,你干了",这酒估计就没法喝了。

学习也是这个道理。推动一件事情做成,最好的方式是双方你情我愿,而不是剃头挑子一头热,用外部的力量去强迫。所以家长如果希望孩子好好学,就不能一边威严地命令孩子"你要好好学",一边自己刷手机、看电视,而是要告诉孩子"不管你学不学,我现在开始学习了。"

不要抱怨"打也打了,骂也骂了,好话、丑话说尽,孩子就是不学。"作为一家之主,应当反思这里面的问题所在。为什么引领孩子的能力不够?是不是该学习提升一下?蛮力打压不能解决根本问题,毕竟有压迫的地方定有反抗。

> 你以前跟孩子一起学习过吗?你以后会跟孩子一起学习吗?

要点 18
人有两种境界

人在做事的时候，一般会表现出两种截然不同的境界。

有的人做事时会进入"游戏境界"，知道在这个过程中会遇到很多问题，但愿意用玩的心态积极面对，有问题就琢磨解决方案，就像挑战一个又一个关卡，不断享受难度升级带来的刺激与过关的快乐。在这个过程中，把事情做好的自信心也在持续增长。

有的人则会迅速进入一种"逃避境界"，不断假想自己万一做不成应该怎么办，然后努力寻找各种做不成的理由来支持自己的想法，遇事就躲，不想轻易尝试，不愿让失败打破当下的舒适状态。机会往往跟挑战并存，不愿挑战，就只能眼睁睁错失良机。

我在课上常常和家长、孩子讲这两种境界，并且鼓励大家不要当进步路上左顾右盼的观察者，而要当勇往直前的实践者。毕竟古话说得好：书山有路勤为径，学海无涯苦作舟。

没有谁的学习是想出来的，大家都是做出来的。

要点 19
改变来自恐慌,进步源于渴望

不知道大家有没有注意过,人在病入膏肓时,对医生开的医嘱往往都遵守得特别好,一天吃几次药,一次吃几片,饭前吃还是饭后吃,甚至连药的厂家、包装都要核对清楚;得小病小恙时,人们遵照医嘱往往就变成了看心情,想不吃就不吃。

我在教学的时候也发现了这个问题,往往是那些所谓的"差到无可救药的孩子""急到不行的家长",我给的学习建议反而能听进去;抱着试试看的心态前来上课、做咨询的,最后往往都看不到效果。

什么时候吃饭香?饿了的时候。

什么时候喝水甜?渴了的时候。

由此可见,改变来自内心恐慌,进步源于内心渴望。内心不重视,就很难实现自我改变,学习效果就不会好。

要点 20
输得起，很重要

"输得起"这件事，在焦虑感泛滥的今天尤为重要。很多书籍都在引导孩子要成功、进步，但很少有书提到，孩子万一输了应该怎么办，孩子要是一直不成功该怎么办。

"考不起大学，你就只能捡破烂、要饭吃，这辈子你就完了。"

"这次考级还不过，你就别去学琴了，学了也是浪费钱。"

"你去比赛能拿奖吗？拿不到就别去了，瞎凑什么热闹！"

…………

据我多年的了解，诸如此类的话很多家长都说过，而且不止一遍，在他们看来，这是"激将法"。

凡事总有输赢，不切实际地告诉孩子必须赢、必须胜，否则结果就会怎么

> 类似的话，你有没有对孩子说过？

怎么不堪……长期在这种环境中浸泡长大的孩子，慢慢就会变得输不起。人一旦输不起，要么会孤注一掷地求胜，要么会得过且过地逃避。

成长的路上难免磕磕绊绊，输不起的孩子容易钻牛角尖。与其让孩子不切实际地事事领先、场场必胜，不如教会他们坦然面对偶尔的失败，学会与挫折和解，懂得在逆境中自洽。输了就输了，不是还有下次吗？

看得开、输得起的家长，家庭环境多是融洽、温暖的；输不起、认死理的家长，家庭关系可能是糟糕、不安的。

有句话叫"做最好的努力，做最坏的打算"。成绩好却输不起的孩子，不知道什么时候就会一蹶不振；成绩平平却输得起的孩子，不知道什么时候就会创造奇迹。

知养育：上行与下效

有句老话叫有样学样。作为孩子成长过程中最亲近的人、陪伴最多的人，家长的言谈举止，很容易潜移默化地影响孩子，继而给孩子的学习带来微妙影响。家长遇事容易急躁，孩子往往很难静下心来思考；家长对读书不当回事，孩子学习就很难上心。想让孩子做什么，家长最好带头做；不想让孩子学什么，家长最好带头不做。以身作则，上行下效，就是对孩子最好的养育，比什么专家、秘籍都管用。

要点 1
激发、引领、协助、陪伴

"您平时在家是怎样跟孩子交流的呢？"我常问家长这个问题，家长们的回应也五花八门。但就我从孩子们反馈的情况来看，不少家长和孩子之间的沟通都不能叫交流，多数情况下都是指挥、要求、命令、批评，甚至是谩骂。

孩子需要掌声，而不是巴掌声。他们来到这个世界上，很多事情都是在尝试中前行的，需要被鼓励、信任。我在课上常和家长讲"商量的价值"，大部分家长通过学习，也明白了父母在孩子面前应该扮演好的四种角色：激发、引领、协助、陪伴。

1. 激发

所谓激发，就是发现孩子的优点，并且逐步确认、扩大，用表扬、赞叹、鼓励的方式，让孩子拥有精神动力，从而在学习的路上自动自发地前行。我们"3X 助你成长"里的"3X 交流法"就是教会家长怎样成功激发孩子。

2. 引领

孩子的价值观和行为习惯受家庭影响最深，希望孩子成为哪一类的人，其实需要有意影响与引领。家长在孩子面前树榜样、做表率，这就是最好的引领。想让孩子养成什么好习惯，家长应该带头先做；不想让孩子沾染的恶习，家长自己应该主动不做。希望孩子爱看书、爱学习，家长应该自己先捧起书本、主动学习，而不是反复跟孩子唠叨"你该好好学习"。

3. 协助

协助就是在需要的时候帮孩子一把。孩子学会新的本领后，就要自己前行、探索，这个过程中难免困惑、迷茫，家长搞清问题后可以适当帮帮孩子。孩子犯错了、失误了，不要批评、嘲讽，困境中求助却被奚落，会让孩子寒心。

❶ 参见本书 P48 "3X 交流法"。

4. 陪伴

家长在孩子身边，孩子就安心。所以陪伴的过程中，能少说就少说，能不说就不说，他快乐的时候就陪他喜悦，他失落的时候就陪他沉默。要充分相信孩子、全面依靠孩子，这样的角色是孩子最需要的，不信你可以抽时间问问他们的想法。

最后，我认为家长们可以反思一下，你平时和孩子交流，是批评、指责、抱怨、要求、命令多，还是激发、引领、协助、陪伴多呢？

要点 2
每个家长都要"深度觉醒"

著名哲学大师荣格[1]先生说过一句话：我是一切的根源，向外看的人是沉睡着的，向内看的人是醒来的。我给家长的 12 堂课便沿用了这个出发点——深度觉醒。

[1] 卡尔·荣格，瑞士心理学家，创立了人格分析心理理论，提出了"情结"的概念。

家长领着孩子到我这里咨询，最常说的就是："孩子问题不小，您看看怎么办才好。"

我有一个观点，孩子生来是不会带着这些毛病的，这些问题要么来自家庭，要么来自家庭之外。所以每当家长说完类似的话，我都会追问一句："孩子出现这些问题，您觉得自己有没有过失？"

听到我这么问，很多家长都会沉默很久，然后我会启发家长先说出一些看法，然后进一步引导他们说出更多的问题。其间，有些家长就会恍然大悟："哎呀，您这么一说，孩子的问题确实是我造成的。"家长深度觉醒了，孩子才能健康成长。

制造问题的人不先解决问题，孩子又怎么能变好呢？

> 你觉得孩子身上的哪些问题可能是你造成的？

要点 3
孩子是熏陶出来的

很多家长都问,孩子越大越不好管,怎样做才能管住孩子?孩子长大后,家长能参与的事越来越少,父母该怎么办?

中国有句老话:孩子不用管,全凭父母德行感。这里的"不用管"不是撒手不管,对其不闻不问,任其自生自灭,而是不要过度干预。家长要扮演好激发者、引领者、协助者、陪伴者的角色,通过自己的言行举止,潜移默化地影响孩子。

《周易》中提到:积善之家必有余庆,积不善之家必有余殃[1]。老祖宗的话不骗子孙,积累德行就是给子孙最宝贵的财富。

那么,德行如何积累呢?通俗点讲,凡是希望别人知道的事,多做!凡是怕别人知道的事,别做!有毒的食物不吃,

[1] 全文可参阅《易经·文言传·坤文言》。

犯法的事不干。昧良心的事不做，凡事凭良心。每日一善，多读书，读经典，多听课，交良友，给孩子做榜样。

具体到教育孩子，希望孩子学会的事情，家长自己要带头做。不希望孩子学会的事情，家长自己先别做。

至善莫如教子❷。孩子如果不爱学习，建议家长先从自己身上找原因。

要点 4
多给孩子带好样

我常在课堂上讲这样一个故事：

一位父亲下班回到家，便一屁股歪坐在沙发上玩手机。

没过多久，门口传来了开门声，估计是儿子回来了。这位父亲连忙把手机扔到一旁，抓起茶几上的一本书装模作样地翻了起来。

孩子进屋，看见坐在沙发上的父亲觉得莫名其妙。父亲一边心不在焉地翻着书，一边斜着眼睛瞄儿子。

❷ 参见清代学者金缨编著的《格言联璧·齐家类》。

你的孩子爱玩手机吗？你呢？

见儿子一动不动，父亲放下书，故意提高声音责问："愣着干啥？还不赶快去做作业！"

结果儿子不屑地转过身回了一句："爸，你书拿倒了。"

我相信90%的家长都干过"一边自己拿着手机，一边训斥孩子别玩手机"的事情，而且往往这些家长一看到孩子"不学习还玩手机"就有气。为什么会这样呢？很重要的一点在于，家长从孩子身上看到了自己不好的"影子"，于是百般焦虑，但好像又想不到更好的办法，只能暴力禁止。

> 你为孩子树立了什么榜样？

孩子爱玩手机，家长多半也是放不下手机的人。源头的问题没解决，只强迫孩子改正是没用的。

要点 5
自满的孩子来自自满的家长

早期讲大课时我有个习惯，喜欢假

装成前来听课的家长坐在观众区候场，因为这样可以了解家长听课的心态。有几次的事情，我印象比较深刻。

一次，有个坐我旁边的家长问："我跟您打听个事儿，您知道今天讲座讲什么吗？"

我说："好像是家庭教育什么的。"

"哦，就讲这些啊……"这位家长一下就露出不屑的表情，然后接着说，"哎呀，家长教孩子还要他个老师来教，觉得我们不会教还是怎么的？我还是专程请假来的，早知道就不来了。"

一次是我受一所学校邀请，给家长讲《如何让孩子轻松走过中考》。我在台下候场时，听见有个家长在抱怨："给我们家长讲什么课啊，有时间多给孩子讲啊，马上就要考试了。您说是不是这么个理儿？"

还有一次，我跟一位坐在后门边上的家长聊得正欢，他不知道我是谁，我邀请他往前面坐，说前面座位宽敞，还有靠背，结果这位家长说："家庭教育这课没啥听的。我就在这里坐一会儿，过几分钟就打算走，坐太靠前不方便。"

……

这些家长的话和行为都很有代表性。很多孩子在学习时，经常不耐烦地把"哎呀，知道了，知道了"之类的口头禅挂在嘴边，它反映出来的就是孩子自满的态度，而这种自满，很多时候都师承自有这些行为的家长。

家长习惯为自己不学、不听、不改找各种理由，自以为满足，自以为很好，孩子很快就会有样学样。如果不信，你可以抽时间观察自己的言行，再观察观察孩子，看看你是不是传承了不好的言行。

要点 6
说教不如分享

> 你喜欢跟孩子讲大道理吗？

很多家长喜欢跟孩子讲道理，希望孩子把道理听进去之后就能改变，然后成长之路一帆风顺。我认为道理不是不能讲，但不如分享效果来得好。

和讲道理相比，分享是一个愉悦的过程，它就像讲一个亲身经历的故事一般。孩子都爱听故事，但一般都不愿意听大道理。家长可以把值得讲的内容用故事讲出来，如：爸爸妈妈当年遇到了什么事情，具体是怎么做的，最后怎么样了。

不用刻意包装道理本身，也不用考

虑道理够不够经典，孩子自己会从故事中提取有用的东西。对于父母经历过的事情，孩子更愿意相信，也更容易接受。

分享这件事，和逢年过节走亲访友随礼有点儿像。我们所能送出去的，无外乎是本来就拥有的，或者是能够买得起的。分享就跟随礼一样，我们永远无法把自己没有的东西给予别人。

我讲课很少备课，主要是把有用的经历分享出去，这样既省去了备课的麻烦，孩子们也愿意听。阅历对老师而言非常重要，阅历越多，储备的内容就越丰富，心就越大，能跟学生分享的东西越多，他的舞台就越宽广。反之，翻来覆去就那么几句话，课讲得越多，心里就越没底。

家长也是孩子成长路上的良师，要想平时给孩子多一些有用的分享，也要有意识地扩大自己的知识储备，有事没事多看看好书。站在道德高度跟孩子讲的东西最终都会变成耳旁风，但家长以分享的口吻，轻轻松松同孩子聊出来的内容反而更具感染力。越是不经意表达出来的东西，往往越容易深深扎根在孩子心中。

要点 7
厌学的五大苗头

通过多年的观察总结，我们发现孩子的厌学和成绩下滑往往都有苗头，而且它们就藏在一些生活琐事中。如果你观察到了，及时提醒，孩子或许很快就会改变。如果放任下去，让不好的习惯成为自然，那就不太好办了。

学习出问题的孩子一般都有以下五种表现，看看你的孩子有没有。

1. 不主动

不催、不请，孩子就不会主动去学习，作业能拖就拖。

2. 不认真

完成作业马虎大意、得过且过，简单的常识性错误一错再错。

3. 没活力

不谈学习生龙活虎，一谈学习死气沉沉。

4. 不会归纳、总结

在哪犯错，就在哪再错一次，换个方式提问还是错。

5. 没有好习惯

床铺混乱、书桌混乱、书包混乱、衣服乱脱、鞋袜乱扔……总之，孩子的生活习惯糟糕到你都看不下去时，他的学习往往已经有问题了。

当然，也许有个别孩子，生活混乱无序但成绩优异，虽然我从教二十多年里还没怎么遇见过，但我不认为这是什么值得夸耀的事情。

要点 8
孩子厌学往往因为家长不学

孩子厌学了，怎么办？是不是要减少孩子玩的时间，不许看电视、玩游戏，送他上补习班，等等。诸如此类的问题，家长们经常问。

我往往会告诉家长：孩子厌学了，家长要立即先学习。

很多家长不明白其中的道理："孩子厌学跟我有什么关系呢？我难道还能帮他学吗？"

> 你的孩子厌学吗？你自己平时爱学习吗？

家长带头学习有两个好处：一个是在学习上给孩子树好榜样，用实际行动做正面引导；另一个是家长如果有一定的学习意识和能力，孩子厌学这件事一般不会发生。

作为与孩子关系最亲密的人，家长的言行举止很容易给孩子带来潜移默化的影响。一个极度厌学的孩子，父母之中往往有一个厌学的人。

所以,如果孩子厌学了,要想快速、有效地解决这个问题,家长不要抱怨孩子为什么不好好学习,也不要惩罚性地提各种自己都做不到的要求,正确的做法是父母自己赶紧学习,积累知识,提升智慧,从根本抓起,从自己做起。

父母有情怀,孩子有未来;父母不糊涂,孩子有前途。

要点 9
家庭的秩序就是安分守己

作为一名家庭教育工作者,我平时主要研究家庭教育方面的知识,像家庭在社会中的作用,如何建设家风,家庭成员之间如何互相影响……这些问题都在我的研究范围之内。

家庭教育的问题,本质上是处理家庭之中人与人的关系。这个问题可大可小,可难可易,深入讨论能讲一本书。如果要问成员之间怎样和谐相处,彼此积极影响,概括来说就是"秩序",或者"安分守己"。

家庭的秩序就是父亲有父亲的样,母亲有母亲的样,给孩子树立正确的性别意识与责任。你是正确的,你的世界就是正确的。父母都是正确的,家风也就是正确的。

具体到教育孩子的问题,家庭的秩序就是男人要在位而不缺位，女人要在位而不越位。男人不要把担子甩给女人，女人也不要埋头扛下男人的担子。跟家长操心得多，孩子就思考得少一样，夫妻双方也要讲求对等，一方管得太多，另一方做得就很少。

就目前的实际情况而言，和对教育普遍放手的父亲相比，母亲在教育孩子的事情上往往事无巨细。这不仅增大了母亲教育孩子的难度，也削弱了教育的效果。毕竟多一个人参考，教育走偏的可能性就要减少一半，看待问题往往也会更加准确。然而，很多母亲在教育的过程中，往往没有人能商量，只能硬着头皮来，一旦孩子成绩不好，很容易被丈夫数落，自己也很容易自责。

解决的办法，就是学会站在两性的角度沟通。如果夫妻之间沟通存在障碍，我建议有空可以看一看《男人来自火星，女人来自金星》这套书。

要点 10
孩子为什么不听你话

"要听话"几乎是每个中国家长都会对孩子讲的话。这其实无可厚非，因为在传统观念里，听家长话、听老师话的孩子就是好孩子。

启动学习力：让孩子自主学习的秘密

> 你的孩子平时听你的话吗？

孩子小的时候，一般都听父母的话，但随着孩子渐渐长大，父母越来越觉得自己说话孩子不愿意听了。于是，很多家长来咨询都会问这个问题：为什么孩子越长越大，反而越来越不听话、越来越不懂事了？

关于这个问题，我说三点供大家思考：

首先，孩子长大了，学的东西多了，接触的人和事多了，有自己独立的想法了，他认为自己做得对，遇事想自己做主，这不是什么坏事，毕竟每个人在成长中都会经历这个过程。

其次，人都有自尊心，自尊的问题其实没有长幼之分。孩子有不成熟的地方应该指出来，但如果说的方式、内容、场合不合适，让孩子觉得丢了面子，孩子也不会接纳。

最后，孩子的心中也有杆秤，如果父母平时的所做所为都不能让孩子尊重、服气，说得更直白点，如果孩子对你有抵触，不论说的多么有道理，他都会把你的话当耳旁风。

我为什么经常在视频课里建议家长反省自己，多做自我检查，就是因为家庭环境的影响，本质是上行下效的关系。正如前面提到的，所有人都看人下菜碟，孩子和父母之间也不例外。如果家长本身浑身是毛病，还要求孩子事无巨细地听话、照做，这是很危险的事情，容易把孩子带到沟里去。

要点 11
及时闭嘴

我有一个观点：及时闭嘴是现代家庭中最缺的教养。

没有人爱听唠叨，孩子也一样。话太多招人烦，说太快让人累。"都是为了他好"的唠叨也是唠叨，真为了孩子好，不妨少说几句。

唠叨无法改善家人间的关系，提升不了孩子的成绩，更解决不了工作中

> 你觉得自己唠叨吗？孩子怎么认为的？

的烦恼，它就像口臭一般，自己浑然不觉，却惹得别人百般讨厌。

容易让人唠叨的事情无非三类：自己的、别人的、老天的。

自己的事，只能自己下决心、用行动改变；

别人的事就是别人自己的事，需要他下决心、用行动改变，你力所能及帮一点就好；

至于老天的事，"尽人事，听天命"即可。尽全力也无法改变，那就学会接纳。

教育孩子，家长也应该是先做好自己，然后力所能及帮帮孩子。家不是讲道理的地方，孩子都烦"唠叨的父母"。讲一遍不听的孩子，讲多少遍都不会听。说得越多，孩子越烦；越唠叨孩子越叛逆，家长的威信越低。

想教出优秀的孩子，先要学会闭嘴，少教训，多做事，用榜样去影响。如果必须要说，那就少说咋了，多说咋整。

要点 12
3X 交流法

鼓励孩子进步，最简单有效的方式就是在生活中多使用"3X 交流法"。三个 X 分别代表渲染、询问、宣传。

举个例子，假如想表扬孩子"字写得好"，用"3X 交流法"可以这样说：

第一步渲染，表扬优点——"你的字写得真好。"

每个人都有长处，只要实事求是，再小的细节也可以表扬。

第二步询问，问出原因——"你的字为什么能写这么好？估计跟你平时勤奋、用功分不开！"

讲得出，说明他能正确认识自己，要及时正面肯定；讲不出，说明他还没有这些意识，要及时帮他分析，尽早养成好习惯。

第三步宣传，告诉别人——"你瞧瞧，这孩子的字是不是写得特别好看？"

孩子听到的肯定越多，越容易积攒信心，进步也越快。

每个孩子身上都会有优点，但是你帮孩子渲染过吗？询问过吗？宣传过吗？

要点 13
跟孩子多用数字交流

经常听我讲课的人都知道，我特别喜欢使用数字。比如家庭教育的九个方案、助你成长的三个"X"、四生教育、五种给予、六大劣根、成功八步、九大模型，等等。

一方面，使用数字有制造悬念、提醒大家注意的意思。

比如，我们接下来讲第二点、最关键的第三点来了，等等。人有一个特点，听话不愿听一半。知道有四点，只听了两点，没讲的内容自然就成了悬念。多年以来，我一直沿用这种思路讲课，中间再搭配一些问题和段子，不管给孩子还是家长讲课，效果都非常好。

另一方面，数字能让说话的内容变得更加清晰，能让沟通变得更顺畅，能让事情更容易落实。比如，你告诉孩子上课要认真听讲。认真是个模糊的词，做到什么程度才算认真呢？孩子不清楚就很难落实。这时就不如告诉他，每堂课要听五个知识点。这时，原本模糊的事情就变得简单清晰了。

同样的，你告诉孩子每天要多看点书，看多少算多看呢？不如规定每天至少看10页。你告诉孩子每天要早点回家，多早算早呢？不如规定7点前得回来。

面对孩子的提问，家长在回答时也不要打马虎眼，尽量不用模棱两可的词。孩子问你还有多久到家，你就说个具体的数字，比如15分钟、半个小时，并且尽可能准时回来，不要"快了""马上""一会儿就到"，然后半天没回家。

与人交流时把话说清楚是一种能力，更是一种对彼此的尊重，这看似简单却不是一件小事，孩子会有样学样，希望各位家长能用心体会，和孩子交流时多用数字，并且言而有信。

要点 14
认真是一种能力

我有一个观点，认真不是一种态度，而是一种能力。

"认真"作"认出真的"讲。学写"真"字时，很多孩子都容易少写一笔，只写两横。为什么"真"字里面有三横呢？这是因为老祖宗造这个字时，赋予了它三层含义：做人要认真、做事要认真、生活要认真。换而言之，就是做人要知晓为人之道，做事要掌握技巧方法，生活要端正态度目标。

世上就怕认真二字，但认真不是什么难事。培养认真的品质，我认为最简单有效的方法就是"认真写字"——认对，记住，写好。字正则人正，人正则心正，这些说法都不是平白无故的。

很久之前，我曾投资拍摄了一个VCD，主题就是"认真写字"，为的就是让孩子把认真写字变成一种习惯，将认真内化成一种能力，继而运用到学习、生活、做人等方面。

所有优秀的人都是认真的，我也希望各位家长能够把认真带到自己的生活、感情、事业当中，用认真的品质熏陶孩子，让他们在学习、成长之路上走得更容易一些。

沁园春·雪　　毛泽东

一九三六年二月

北国风光，千里冰封，万里雪飘。望长城内外，惟余莽莽；大河上下，顿失滔滔。山舞银蛇，原驰蜡象，欲与天公试比高。须晴日，看红装素裹，分外妖娆。

江山如此多娇，引无数英雄竞折腰。惜秦皇汉武，略输文采；唐宗宋祖，稍逊风骚。一代天骄，成吉思汗，只识弯弓射大雕。俱往矣，数风流人物，还看今朝。

我要求学生平时认真写字

要点 15
把标点符号写完整

一天清早,有个家长给我发来了一段文字:

> 崔老师你好我的儿子 14 岁了不愿意上学怎么办我和他妈妈怎么说都不听想求助你给我们指导一下不知道你什么时候有时间我带孩子去找你。

看完这段话,我直接给她转回去了,并且补充道:把标点符号添上再发过来。完事之后,我再回过头去看这位家长的群昵称,叫"走着走着就疯了"。很多时候,孩子的一些问题,总能在家长的身上看到蛛丝马迹。这位家长我认为就是一个典型。

我有个习惯,平时用微信很少发语音,主要用文字,写完后会检查有没有错别字,看一看标点符号写得对不对、全不全,就跟正式写作时一样,这样能把我的认真态度,传达给接收信息的人。

做教育咨询或者直播时,我经常建议上课的学员使用积极向上的名字,给自己和别人传递积极的能量与信心。

教育这件事,要见到效果,光拉大旗、喊口号没有任何作用。多年的亲身实践告诉我，把一些小事做好，更能锻炼认真的能力，养成认真的习惯。别把这些小事不当回事，坚持做好、做到位其实也不容易。

要点 16
受用一生的"四生教育"

每个孩子都应该接受"四生教育"，也就是懂得生存、生活、生学、生命。

1. 生存

人活于世，首先得学会生存，有基本的自理能力。比如能动手做饭烧菜、能洗衣物袜子、能打扫家中卫生、出门购物知道鉴别好坏、知道自己最擅长的本领，等等。千万别除了学习，什么都不知道。啥都不让做，是对孩子最大的约束。

2. 生活

人都生活在社会中，生活教育就是融入社会的交往能力，知道怎样待人接物。比如知道基本的穿着礼仪、在公共场合举止大方、待人接物彬彬有礼、知道怎样礼貌拒绝他人，等等。不能失去自我，也不能只有自我。

3. 生学

生学就是一个人生成学问、主动学习的能力。为什么很多成绩好的孩子在社会上混得并不好？就是因为生成学问、本事的能力太差。培养生学能力的好习惯有很多，比如每天背的包里装点学习书籍、但凡听课就会自觉做到"一不三会"、每天会花点时间静心思考、随时学习别人身上的优点，等等。

> 你觉得这些"考试不考，学校不教"的内容重要吗？你的孩子掌握得怎么样？

4. 生命

生命的意义是个宏大的哲学问题。比如，实现个人的潜能与理想、致力于做正确的事情、努力成为更加优秀的人，等等。了解了生命的伟大意义，就更容易敬畏生命，更容易投身于理想抱负，更容易进步向上。

被四生教育理念浇灌长大的孩子，往往更加自信、乐观、饱满、踏实。

叁 · 知学习：学而与时习

每个孩子都希望自己成绩好，每个家长都希望孩子爱学习，但真正知道学习究竟是怎么一回事的家长与孩子，却是少之又少。在绝大多数人的心目中，要想学习好就是去名校上学，就是找名师补课，就是拿各种秘籍宝典无限刷题。掌握了学习的根本，这些事情可以锦上添花，否则也是事倍功半、舍本逐末。学习在于孩子本身的钻研与开悟，要在反复循环中进步，没有人能代劳这件事。认真读完这一章，我相信大家对学习的观念会有重大改变。

要点 1
"学会接受"与"懂得生成"

学习的方法五花八门，比如听课、看书、抄笔记、观察、做题，等等，但这些方法其实都可以分成两个大类，一类是"接受的"，一类是"生成的"。

同样的，知识的种类千千万万，比如各科知识、生活常识、动手技巧，等等，但它们进入人的大脑都只有两种渠道，一类是"接受"，一类是"生成"。

毫无疑问，"接受"比"生成"要快。比如，我送一件礼物给你，你接受了，这个过程很快。但你接受了之后，想研究一下它的特点，或者想琢磨做一个差不多的东西，这有难度。

老师用上课的方式把知识传达给孩子，孩子认真听讲接受，这是最基础的要求。问题在于听完之后，孩子把接受的知识拿出来琢磨，生成本领了吗？或者再退一步讲，孩子真的接受了老师传达的知识吗？

不接受知识，生成就无从说起。接受了而不去琢磨，相当于把知识拿在手里却不会用，还是没有形成学习的能力。

要点 2
接受知识就要多看、多听

人主要通过两个器官来接受,一个是眼睛,一个是耳朵。换句话说,接受知识就是要多看、多听。

但是,有两个成语提醒我们这样做还不够,一个叫视而不见,一个叫充耳不闻。人在不用心的时候,很容易视而不见、充耳不闻。用心加上多看、多听,接受知识才会有效,孩子才不会在老师讲课的过程中变成"特困生"。

用心是平时锻炼出来的能力,它不是读一本书、听一次课、做几道题就能培养出来的。

你平时观察孩子吗?孩子说话用心吗?写字用心吗?吃饭用心吗?做家务用心吗?……如果这些事情都做不到用心,学习不用心也不是什么怪事。即便苦口婆心叮嘱孩子"你学习要多用心",

> 你的孩子,学习用心吗?

孩子可能也无动于衷,因为找不到"用心的感觉"。

怎么解决这个问题?最好的办法是让孩子每天坚持用心做好一件小事,让孩子体会到用心做事的感觉,然后带着这种感觉去接受知识。

要点 3
学习知识需要"生成"

为什么学生要叫学生呢?这是因为学生要做的事情,就是"学习""生成"。俗话讲"师傅领进门,修行靠个人。"这个修行的过程,就是不断琢磨师傅教的内容,不断融会贯通,把它们变成自己的本领。

生活中发生的所有事情都不会是事先安排好的,各种问题不会有固定的答案以及一成不变的解法。有的人能左右逢源地化解生活难题,就是把看到的、听到的、遇到的生活经验,生成为自己

> 你的孩子,学习会主动归纳总结吗?会举一反三吗?

的生活能力了。

同样的，考试不能总寄托于老师考讲过的题，也不可能都考书上死记硬背的条条框框。如果老师讲过的题变通一下就不会做了，考题出活一点成绩就明显下降了，就说明学过的内容还没有生成、变为孩子自己的本领。说得更直白点，这种水平的学习，大概就是孩子通过学习知道有这么件事，但并没有真正学懂。

要点 4
"生成"是很重要的学习能力

生成主要依靠人的两个器官——嘴巴和大脑，它们分别对应学习中的"说"和"忆"，它们是最基础的生成能力，也就是按照自己的理解，把学过的知识说出来、想起来。这是很重要的能力。

一个人一旦会生成知识，将收获智慧，也就不容易忘记，哪怕忘了，还能根据掌握的知识重新生成。

很多孩子把学习寄希望于考试前的突击背诵，希望老师画重点、猜题。这说明什么？说明孩子其实也知道自己没真正学懂，也就是没有生成能力，所以害怕考试。因为不能生成，所以背过的知识很容易遗忘，考试前还得从头背。

孩子如果不能生成，学习就很被动，推一下动一下。接受阶段本就不扎实，孩子没有真正理解，外加没有生成的能力，盲目补习又能带来什么改变呢？

要点 5
初为学，复为习

"学习"其实是两个词，初学叫"学"，再学叫"习"。古人发明"学习"这个词时，其实就把它的意思说清楚了，光是"初学"还不够，还得不断"再学"。

《说文解字》里面对"习"的解释是"数❶飞"。"数"本身是多次的意思。飞，就是鸟类、虫类扇动翅膀让身体腾空的动作，本质是同一件事来回不停地重复做。因此，数飞就是重复，习就是重复学习，不断再学。

重复的方式有很多种，比如不断回忆、不断表达、不断练习、不断使用。具体到学习中，就是不断回忆学过的知

❶ 音 shuò，参见《说文解字·习部》。

识，不断用自己的话复述所学的内容，不断做题巩固，不断用所学的知识解决实际问题。这就是有效复习，在这个过程中，孩子可以通过知识获得能力。

关于复习的四个"不断"，你的孩子认真做到了几个呢？

要点 6
"习次数"与"习知识"

前面介绍过，学的两种途径是"接受"与"生成"。习也有两种途径，一个是习次数，一个是习知识，也就是在次数上重复和知识上重复。

习次数很好理解，一道题反复做、一个公式反复用、一个单词反复拼写、一篇文章反复背诵。五遍不行就十遍，还不行就再来十遍，到行为止。这就是习次数。

什么是习知识呢？用什么就习什么，把与它有关的知识都提取出来，用掌握的旧知识帮助理解新知识，这就叫习知识，也就是"闻一知十，温故知新"。

举个例子，学习古诗"毕竟西湖六月中"时，"中"这个字作"里"讲，也就是"六月里"。要想有效地"习知识"，就要把学过的旧知识提取出来，想想"中"字还有什么含义。这样，就能把中间、里面、适中、中国、中用等意思都串起来，形成知识网络。这样的网络越密、越大，学习基础就越扎实，学得也越明白。

《三字经》里有句话叫"性相近，习相远"，这句话大家都能背，但不一定能真正理解意思。它说的是人和人的先天差距并不大，差距是被后天的"习"拉大的。

了解了习次数与习知识，希望家长和孩子都懂得这个道理：习的差别将带来人的差别。

要点 7
学前习、学中习、学后习

习知识有三个阶段：学前习、学中习、学后习。

1. 学前习

学前习就是在学新知识之前，先复习旧知识，借助旧知识理解新知识。这样做有一个好处，在巩固旧知识的同时，明白了新知识的来历，相当于形成了线性思维，知道了彼此间的关系，对知识就能掌握得更牢固。

2. 学中习

学中习就是在学知识时，尽可能从不同角度、用不同题型对知识进行巩固，或者把涉及的相关知识做一次串联复现，面对同一个问题尝试用不同的思路去解答。这样做的好处是以点带面，方便查漏补缺，减少学习的漏洞。

3. 学后习

学后习就是把知识用起来。用的方式有很多，最常见的是做题，我最推荐的是用自己的话把知识说一遍。说不出来就是没学会，一点没懂；说不准确就是没学透，一知半解；如果能说得精彩，既准确又有自己的特色，那就是真正学懂了。能说得准确，基本就能当学霸；能说得精彩，基本就能站上三尺讲台。

要点 8
不求法，不得法

学习有件很重要的事情——主动。遇到问题要主动思考，遇到困难要主动求助。

俗话说得好："医不叩门，师不顺道。"生病时不主动看医生，医生就不知道你病了，自然不会来你家叩门，这时你如果还抱着碰到医生就看一看的心态，这病一定好不了。

同样的道理，学习遇到问题不主动请教，老师就不知道你没有弄懂，自然不会主动找你，这时你若还是抱着碰到了就问一问的心态，这学问就没法做了。

不管哪个领域的成功者，一定都有主动追求的精神。所以,每次咨询我都一再跟家长孩子强调,不求法,不得法!没有偷艺的心态,很难学到精髓。帮助孩子培养、形成主动意识,很多学习问题自然就迎刃而解了。

要点9
学习要"务本"

《论语》中有句话大家都很熟悉:"学而时习之,不亦说乎?"我在课堂上也常常就此提问,看看大家怎么理解"学而时习"这四个字。大家都按照语文课本里的说法回答我:学习并且按时复习。这没什么问题。

我对这句话有另一种理解。"而"这个字,本义有"根须"的意思,根须长在根上,是一样东西的根本。所以"学而时习"就是"学习根本,经常练习"。这一点在《论语·学而》的另一句话中似乎也能得到印证:"君子务本,本立而道生。"

那么,什么才是学习的根本呢?

打个很简单的比方,现在很多孩子,学习就是不断解题、埋头做题、持续刷题,觉得考试不考教材,书都不看,一头钻进题海里,钻进偏题怪题和所谓的内部资料里。这就是忘本。

做题做出花来,它也只是一种技能,所解决的问题不过是教材里各种基础知识延伸、变形、组合出来的东西。事实上，再难的题，也可以分解成一个个简单的知识点。吃透了教材，知道知识的不同组合与变形，学习的能力才能得到根本提升，题怎么出都能解。

所以，学习要"务本"，不要把希望寄托在所谓的绝密资料、学霸经验、名师课程上，否则就是舍本逐末。为什么人们总开玩笑说"差生文具多"，你品品其中的道理。

要点 10
自主学习≠自己学习

很多家长认为，自主学习就是让孩子自己学，把孩子放房间里，让他一个人看书，一个人思考，一个人做作业。这是不对的。

自主主要是态度上主动。老师在台上讲课，孩子主动去听、愿意去想，这就是自主学习；家里书架上的书，孩子主动去看，这也是自主学习；一些学习软件，孩子能主动打开，愿意跟着坚持学，这也是自主学习。

另外，自主还包括不断探索。新课标对学习提出了三大要求：自主、合作、探究。探究就是一种生成知识的学习，不断围绕学过的内容发散思考。像主动琢磨知识之间的彼此

启动学习力：让孩子自主学习的秘密

> 你的孩子能自主学习吗？你支持过，或者打断过孩子的自主学习吗？

关系、尝试用更简便的算法去解题、会对学过的知识做归纳总结等，这些探索也都是自主学习。

所以，自主学习跟是不是孩子一个人学没有关系，跟他在哪学、通过什么方式学也没有关系。

要点 11
被误会的"预习"

很多人都知道学习之前要先预习。如晚上把明天要学的内容预习一遍，假期时把新学期的内容预习一遍，等等。但是根据我的实际观察，不少孩子的预习方法是错误的，一些老师、家长对预习的引导也没有到位，结果导致预习的工作做了，却没有看到效果。

很多孩子的预习，就是提前把老师要讲的内容看一遍，把看不明白的地方标出来就完事，等着老师第二天上课来解答。这其实不叫预习，只能叫预学，如果只进行到这一步，做与不做其实没有什么区别。

新知识和旧知识之间的联系非常密切。很多新知识不过是比旧知识"新"一点点，或者说难一点点而已；有些新知识不过是把旧知识换个角度来说罢了；还有的新知识其实就是不同旧知识的组合。所以，真正有效的预习，其实是看过要学的新内容之后，先思考可能要用到的旧知识是什么，把它们巩固一遍，这样第二天学习新知识会容易很多。

由于提前理解了新知识和旧知识之间的关系，新的那一点点知识往往一听就懂，一学就会。按照这个节奏往下学习，孩子的学习基础就会跟滚雪球一样，慢慢越滚越大，而且里里外外都扎实。

要点 12
复习就是"学而"且"时习"

90% 的孩子，复习都是在考试之前的一两个星期内突击完成的。据我了解，孩子们大都是过一遍考点，看一看考试重点，背一背题目就完事。

这样的复习纯粹是在机械记忆，没有深度思考，结果往往考完就忘，就算下次考一样的东西，基本也还得从头再来，非常低效。

真正的复习,是学而时习。具体说就是:

每天要回顾当天的学习内容;

每学完一个章节要复习一次,把"三定"❶"5W1H"❷等内容落实一遍;

每学完一本书,要复习整本书的思维导图;

优先温习积累下来的错题,好词好句,提过的问题……

另外,每次预习时,也要把"旧知识"翻出来,做一做串联。

工夫在平时,学得才更扎实。毕竟,谁也不能保证临时抱佛脚次次都有用。

❶参见本书 P108 "精通'三定'玩转理科"。

❷参见本书 P112 "学文科用'5W1H'六维分析法"。

要点 13
清晰是学好的灵魂

《赢在清晰》是我给孩子讲课的一个题目。开这个课是因为我在多年的教学和咨询中发现,不少孩子在学习这件事上糊里糊涂的,既不知道为什么学,也不知道怎么学，但偏偏都在埋头苦学。比如：

为什么要学习？——因为大家都要上学。

你为什么去补课？——家长要求的。

为什么不能认真听讲？——听不懂，没意思。

文科怎么学？——背。

理科怎么学？——做题。

你有什么理想吗？——不知道。

想读什么大学？——考上哪个读哪个。

……

很多孩子辛辛苦苦学了十几年都没有弄明白上面这些问题，整天起早贪黑，看起来忙忙碌碌，其实糊里糊涂。

要去一个地方，首先得知道这个地方在哪儿，然后再考虑怎么去更方便。学习要知道自己想得到什么，能做什么，还缺什么，学习才能看到效果，才有源源不断的动力。

如果努力没有方向，一切努力可能都会白费。

要点 14
学习要有"守破离"的心态

"守破离"其实是学习成长的三个阶段。古人从拜师学艺到学成归来，差不多都要经历这个过程。

所谓"守",就是放下自己的高傲,把"我认为""我觉得"的想法先收起来,虚心学习,认真落实,不懂就问,打好基础。认定一个师傅就从一而终,师傅怎样教就怎样做。

"守"好了,才能"破"。打牢基础,弄清规律之后,就可以在师傅指导的基础上进行创新,融入自己的想法,慢慢形成自己的风格。

拜别师傅,学成归来就是"离"。这时既学到了师傅的本领,又有了自己的风格,相当于自成一派。

我们做直播,目的就是给家长和孩子一个认识、考察的机会。如果不讨厌,价值观一致,感觉缘分很深,我们就一起走,陪孩子成长,帮孩子纠偏,引领孩子健康快乐成长。

这个过程中,也希望家长和孩子能怀着"守破离"的心态,打好基础,敢于创新,学成归来。

要点 15
为什么必须学会主动学习

不同阶段的学习,就像不同难度级别的探险闯关。

小学:告诉学生具体的目的地,以及沿途设置的关卡。老师提供所有攻略后,学生能跟着老师完成挑战,抵达目的地就行;

中学：告诉学生具体的目的地，以及沿途设置的关卡，但学生要根据老师说的内容，自己琢磨闯关的攻略，最后在老师的指引下自己走到目的地；

本科：告诉学生目的地的方向，以及沿途可能遇到的关卡，学生要根据遇到的问题，根据老师说的内容自己琢磨闯关的攻略，并且走到目的地；

硕士：告诉学生目的地的方向，但不透露路上遇到的关卡，老师只提供部分经验，学生要根据遇到的问题自己琢磨闯关的攻略，并且走到目的地；

博士：告诉学生存在某个目的地，学生先要自己分析有没有到达的可能，如果可行，则自己设计一套方案并验证。最终能不能到，全看学生自己。

说得通俗点，高中之前，孩子学习基本上都靠老师喂饭吃。

步入大学之后，孩子就得像鸟儿一样，自己出去觅食了。

学得越深，主动学习、生发学问的能力就越重要。换言之，想学得越深，越要具备生学的本领。

现在，您明白孩子为什么必须学会主动学习了吗？

肆

知规律：觉悟与能力

世间万事万物都有规律，学习也不例外。成绩优秀的孩子，各行各业的杰出人物，以及营造良好家庭氛围的父母，他们其实分别都掌握了学习的规律、工作的规律、生活的规律。了解学习是怎么一回事之后，再结合进步与成长的规律，学习可以变得相对轻松、更加高效。"书山有路勤为径，学海无涯苦作舟"只表示对待学习的态度，无视规律地勤学、苦学，很有可能让孩子在学习上的付出与回报不成正比，浪费了宝贵的时间、精力不说，还容易打击到他们的自信心。

启动学习力：让孩子自主学习的秘密

要点 1
既快又稳的涨分秘诀

很多家长第一次听课时，听说有的孩子一年内可以提高两三百名，有的孩子能从倒数考到第一，有的孩子能从后进生变成保送生，就觉得我在吹牛，在包装、杜撰成功案例。等到同一期参加学习的孩子脱颖而出时，又心生羡慕，认为我确实很厉害。

其实并不是我有多厉害，我只是发现了让孩子既快又稳涨分的秘密，那就是关注人性，把学习中的孩子当成一个正常的人来看。

正常的人有什么需求？那就是喜欢快乐，喜欢被肯定，不爱做枯燥的事。所以，我们主张用清晰的目标引导孩子，把高效的方法交给孩子，文科就用"5W1H"，理科就用"三定"，外语就用"两个翻译❶"。这些在后面都会

❶ 参见本书 P118 "学外语要做好'两个翻译'"。

详细介绍。把学科的本质和规律交给孩子，让他们能用简单的规律解决复杂的问题，能在不经意间被表扬，能事事有确认，没有死记硬背，没有题海挣扎，他们学起来就能感到快乐。

孩子对学习不排斥，进步是迟早的事。

要点 2
目标启动内驱力

没有学不好的孩子，只有没被引导好的孩子。

学习没有动力、不能坚持，不知道自己为什么要学习，学习过程中经常分心走神，不够专注……这些问题，其实都和孩子的内驱力不够有关。

我的建议是，帮助孩子树立明确的目标，用目标激发孩子的动力。

孩子不会生来就能自己定目标，所以最开始没目标也正常，我们帮助他找一个就好。

如果孩子有强烈的兴趣爱好，明确表示自己想做某件事，这就是天然的好目标；如果没有，可以通过时间脉络，帮助孩子回忆过去、畅想未来，在聊的过程中发现孩子的兴趣点，试着朝这个方向努力。

还可以通过列举的方式，先写 20～50 个大致的目标，

启动学习力：让孩子自主学习的秘密

> 你的孩子学习有目标吗？

用排除法筛到不想放弃的 3～5 个，然后从中选一个重点努力。

要做好这件事，一定要确保这个目标发自孩子内心，而不是讨论半天没有结果，家长就简单粗暴定一个目标让孩子执行。如果不是真心想做的事，孩子就很难有动力把它做好。

要点 3
视觉化、情感化、日期化

目标是一种很了不起的东西，有了目标，学习就有方向、动力、希望。目标大了，问题就小；目标太小，问题就多；没有目标就全是问题，只有目标就没有问题；有目标的人睡不着，没目标的人睡不醒。

所以，我跟所有前来咨询的家长、孩子都强调这一点：想取得好的学习成绩，从设定一个合适的学习目标开始。一个合适的目标通常具备三个特点：

我教的学生都会这样设置目标

视觉化、情感化、日期化。

1. 视觉化

视觉化的意思，就是要让目标变得形象、可见。比如这学期要好好学习就不是一个形象的目标，不如改成这学期要背 100 个成语，读 5 本书之类的具体任务。另外，这个目标要展示出来并放在醒目的位置，让孩子随时能看见，随时起到提醒的作用。

2. 情感化

情感化就是让目标变得有温度，一想到达成目标之后的种种好处，孩子就会特别开心，有动力去完成。梦想越美好、越具体，就越容易点燃孩子的行动力。

3. 日期化

日期化，也就是做事要设定期限。一方面，孩子要清楚完成目标的总时间；另一方面，孩子要学会分解目标，会安排每个阶段的时间。只有每一步都日期化，将抽象的进步量化，学习的点滴积累才能有序进行。孩子的进步才看得见。

目标不是做给别人看的，一定要符合孩子的实际情况，不要盲目跟别人比。贪大求全的"宏伟目标"往往难以实现，这一点希望家长和孩子多多注意。

要点 4
落实有"三动"

我最近发现,每次做直播讲座,讲完高效学习的秘密,家长们就会出现两种"三动"状态。

有的家长是:激动、心动、不动,这是第一种"三动"。

激动——"这个老师讲得真有道理,我都听明白了,要是能早点听到这个课就好了。"

心动——"我的孩子如果这样做,是不是也能像那些孩子一样,从厌学到爱学?从低分到高分?从落后到学霸?"一想到这些就心动到失眠。

不动——"真有这么神奇的方法吗?案例中的那些孩子我又不认识,会不会是骗人的?之前也报过不少课,但我的孩子就是没进步。而且就算这方法管用,我孩子不做怎么办?钱不是白花了?"有这种想法的家庭不在少数,而且家长有这种顾虑我能理解。不过按照我们的学习引导,绝大多数家庭都调整过来了。

而有的家长会呈现另一种"三动"状态:马上行动、积极发动、用心驱动。

受这种"三动"力量的驱使,孩子们往往很快就能进入学习状态,从厌学到爱学,从低分到高分,从落后到学霸,尝到甜头之后,孩子们的这类改变就像水到渠成那样自然而然。

收获进步之后,很多家长对我们表示感谢,说是我们的方法好。但我往往会反过来感谢家长和孩子,一是感谢家长和孩子的信任与反馈,二是感谢大家的认真与落实。

世上没有绝对有效的学习方法,最好的方法就是落实。

要点 5
为什么多数补课没有效果

补课这件事,相信很多家长、孩子都感触颇深,而且不少家庭都有送孩子上补习班的经历,个别家庭甚至到了有班就报、有课就上的地步。但让很多家长困惑的是,孩子补了不少的课,为什么成绩就是没有提高呢?

由于每个孩子的情况都不一样,我就不一一展开了。我想提醒各位家长注意,补课这个词,精髓在"补"字上。有的孩子缺目标,有的孩子缺方法,有的孩子缺努力,有的孩子缺基础,有的孩子缺动力……这种情况下,应该缺什么补什么。

但在实际学习过程中,这一点被大家忽视了,"课"变成了大家趋之若鹜的东西，只要孩子成绩不好，马上想到的就是去补课。于是很多补课就变成了下面这样：

同学都在上补习班，我的孩子得上一上；

这是名校老师的课，我的孩子得上一上；

听说那个老师的课有用，我的孩子得上一上；

孩子平时没事做，他该去上一上；

这补课班不要钱，不上白不上；

……

纠正学习问题就好比治病。无论什么病都吃一副药，能好吗？

所以，如果你还在苦恼为什么孩子补课没有效果，先反思以下几个问题：

你为什么送孩子去补课？

你和孩子知道短板在哪里吗？

补的课有没有真正补到孩子的短板？

要点 6
进步三部曲：基础、做题、拔高

做好任何事情都有方法，学习也不例外。基础、做题、拔高，我把这三件事称为"学习进步三部曲"。要想学习好，基础先打牢；打牢基础再刷题，做题熟练再拔高。弄清它们三个之间的关系，提高学习成绩就不是什么难事。

基础、做题、拔高，这是学习的三个环节。

正常情况下，它们是下面这样的稳固关系：

基础、做题、拔高

然而在实际的学习中，我们的重视程度是这样的：

基础不牢，地动山摇

总而言之，学习要严格按照基础、做题、拔高这三步来走。

基础不稳，怎么做得出题呢？做普通题都困难，何来拔高呢？这样的结构，怎么能稳呢？

要点 7
基础好，不愁考

高楼大厦平地起，楼越高，地基就得越深。很多家长看到孩子题做不出来，就觉得是题做少了，眼生手也生，于是买很多课外习题集给孩子写，每天多少页，计时打卡。结果孩子往往写得非常吃力，正确率也不高，浪费了大量时间不说，家长上火，孩子伤心。

题做不出来，一定是基础知识没有理解透。基础不过关，看到题目也不知道考的是什么知识，看到公式定理也不知道怎么用在题目中，做题自然就慢吞吞，连蒙带猜的正确率自然也就没有保障。

怎样才算基础牢固了？那就是文科弄清了"5W1H"，理科弄清了"三定"，外语弄清了"两个翻译"。对基础知识"知其然且知其所以然"时，再去计时打卡刷题，快速查漏补缺，这样才更有效率。

最后，拔高也不是一味地做难题、怪题。吃透一道题，比刷一百道题更有用。怎样把题吃透呢？那就是做题时多围绕题目本身去思考，如做理科类的题时，想想有没有其他解法？最简便的方法是什么？改变问题的条件会怎样？等等；

例1：如图，一艘渔船以30海里/时的速度由西向东航行，在A处看见小岛C在船北偏东60°的方向上，40min后，渔船行驶到B处，此时小岛C在船北偏东30°的方向上。已知以小岛C为中心，10海里为半径的范围内是多暗礁的危险区。如果这艘渔船继续向东航行，有没有进入危险区可能？

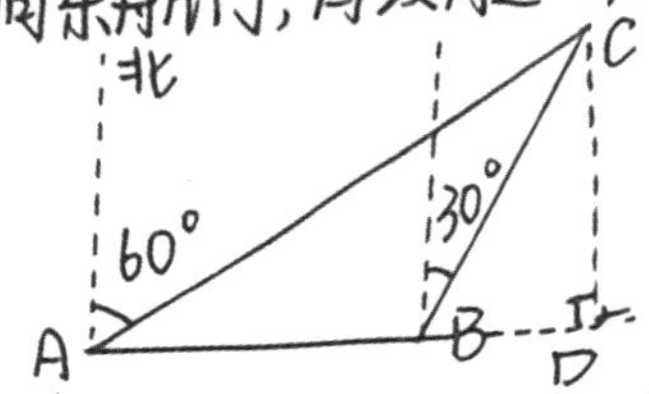

解：如图过C作$CD \perp AB$，交AB的延长线于点D，则$\angle CBD = 60°$

在Rt△BCD中，$\tan \angle CBD = \frac{\sqrt{3}}{3} = \frac{CD}{BD}$

若设$CD = x$，则$BD = \frac{CD}{\tan 60°} = \frac{1}{\sqrt{3}}x$

在Rt△ADC中，$\angle CAD = 30°$.

∴ $\tan 30° = \frac{\sqrt{3}}{3} = \frac{CD}{AD}$

即 $AD = \frac{CD}{\tan 30°} = \sqrt{3}x$

∵ $AD - BD = AB$，$AB = 30 \times \frac{40}{60} = 20$

∴ $\sqrt{3}x - \frac{1}{\sqrt{3}}x = 20$

解得 $x = 10\sqrt{3}$.

∵ $10\sqrt{3} > 10$ ∴ 这艘渔船向东行驶不会有危险

做文科类的题时，多想想跟这个考点有关的其他知识，看看能不能做横向、纵向的梳理。

要点 8
信手拈来即深刻

学习而不理解，就像读书而不思考，等于吃饭而不消化。

"不消化"就是"吃什么吐什么""吃什么拉什么"，身体白忙活一通，还没有吸收到营养。

"不理解"就是"学啥都不会，考啥都不懂"，孩子努力到"昏天暗地"，成绩还在原地。

理解就是：不仅知道"是什么"，还知道"为什么"。

深刻理解就是：不仅知道"怎么做"，还知道"怎么做更好"。

对教材的深刻理解就是，随便选一个知识点，能跟别人信手拈来讲十分

> 你的孩子能用自己的话把学过的知识讲清楚吗？

钟，这就算是深刻理解了。

但就我的实际观察，很多自诩基础牢固、天天泡在题海里的孩子，用自己的话把教材知识点复原都很难。基础不牢，没有深刻理解，又怎么能保证好成绩呢？

要点 9
预防大于治疗

医学上有个观点——预防大于治疗。这个道理相信各位家长一定明白，我们的传统中医里也有类似的观点，叫"治未病"❶，提前养好身体，让身体不生病，或者只出小毛病，这样治疗的代价是最低的。

孩子的学习其实也是一样的道理。小时候，课业压力不大，是培养健康学习习惯的最佳时机。用一两年的时间，让孩子养成好的学习习惯，掌握正确、高效的学习方法，这就跟养好身体、健

---

❶ 参见《黄帝内经·素问》。

康生活是一个道理。习惯好了，方法对了，学习就不会出大问题。这样，孩子也将受益终生。

这个道理很多家长都懂，但往往只有孩子学习出问题时才能意识到，很多前来求助的家庭、疯狂补课的家庭、各种托关系找老师的家庭都是这样，属于病急才求医。有病要早治，无病要养生，等到病入膏肓再治，即使用最好的方法，也需要很长的时间才能解决，而且病人往往还要承受巨大的痛苦，费力费事费钱。

上一个养成健康学习习惯的最佳时机是孩子刚读书时，下一个就是现在。不管你的孩子读几年级，从现在起先帮助他养成好习惯，这比上多少补习班、刷多少题都要强。

要点 10
回归学科的本质

每一门学科都有它的规律。知道每门学科要学什么，把握了它的特点和本质，学习就容易事半功倍。

以外语为例，这门功课的本质是语言，而用语言交流的最小单位是句子，否则就没法完整地表达意思，因此想学好外语，就要尽可能多地掌握句子，而不能仅仅满足于背了多少个单词。

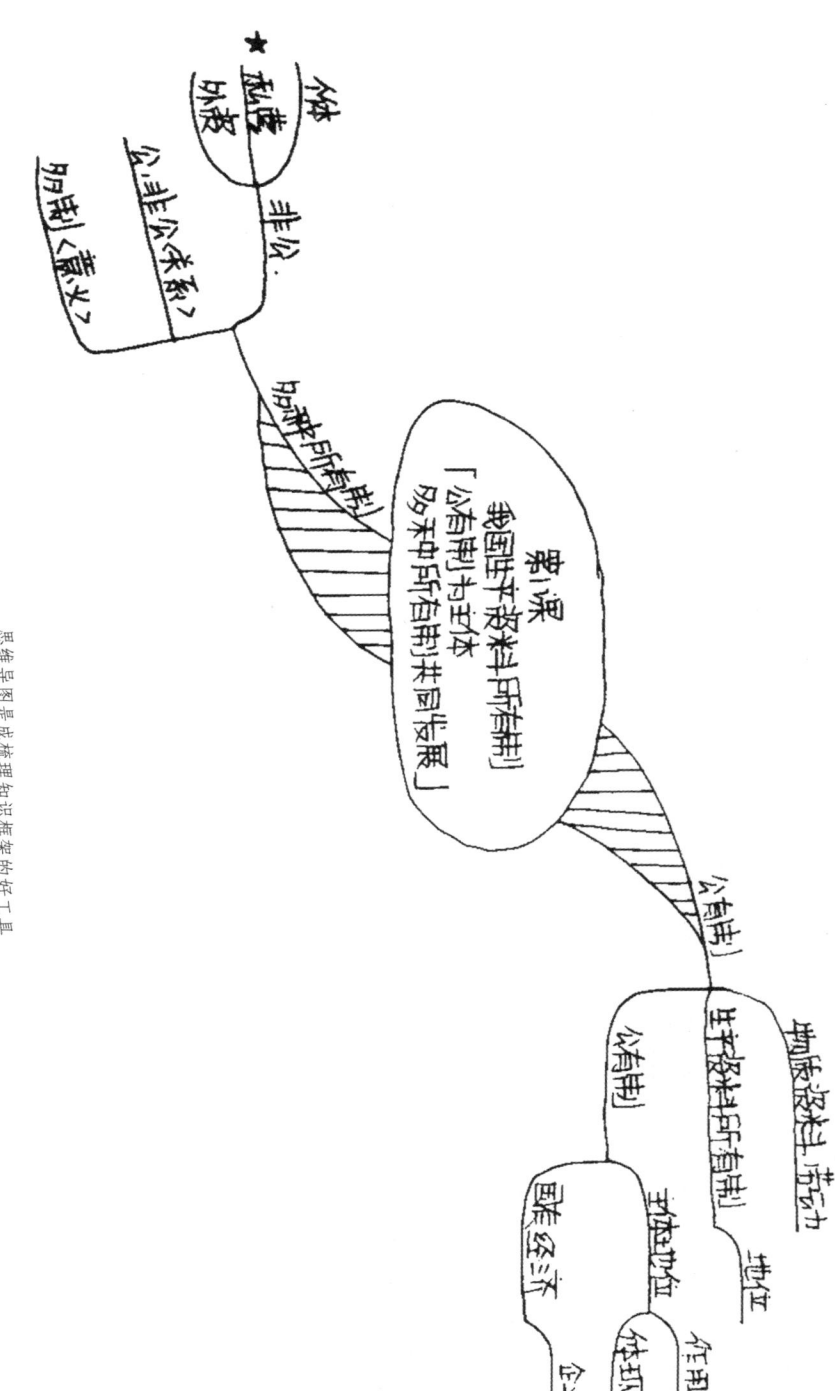

思维导图是成梳理知识框架的好工具

为什么数学、物理、化学、生物这四门是理科？因为理的本意是自然的规律，数学研究数据的规律，物理研究现象的规律，化学研究物质的组成与结构性质的变化规律，生物研究的是生命各种现象背后的规律。因此要想把理科学好，就要掌握这些规律，翻来覆去都搞清楚，理科学习就不发愁。

文科也有它的本质。文科的文作"花纹"讲，它是用来装饰事物的。单看花纹不看事物不行，单看事物不看花纹也不行。因此学习文科，就是要在把握大框架的情况下，抓住里面的细节。理解记忆都搞透，学文科就不会抓瞎一般死记硬背了。

要点 11
会提问的孩子考得好

考试的本质，其实是一个"老师藏，孩子找"的游戏。

老师把教过的一堆知识点藏在题目里，让孩子去试卷里找。为了增加找的难度，老师会对这些知识点进行"伪装"，如变形、隐藏、重新组合，等等。平时如果想得太少、太浅，只满足于听过、看过某个知识点，只知其一不知其二，考试的时候换一种方式提问，就很容易答不上来，做题就只能连蒙带猜，成绩自然不会好。

启动学习力：让孩子自主学习的秘密

> 你的孩子会提问题吗？

我为什么建议孩子平时在学习过程中要不断提问？因为提问就是在模仿老师出题。围绕一个知识点，问的角度越多，问得越深，就越容易和老师出的题碰上。平时见多了、习惯了，考试遇到这些"伪装"的知识点，就知道考的究竟是什么、要用什么方法来解题。

另外，孩子主动提问，是以一种主动的态度在探索知识。而回答老师提出的问题有点像"应战"，相当于一种被动状态。如果老师提的问题多，孩子的基础又不好，很多题都答不上来，学习的积极性就容易受挫。拿问题问老师，有点像是"出击"，主动权在孩子手里。

所有老师都喜欢带着问题去学习的孩子，也愿意花时间为这些孩子解答难题。时间一长，不仅能帮助孩子养成勤于思考的好习惯，也能和老师之间建立起一种良好的讨论氛围，这对他们学习成长是非常有利的。

1. 什么是物理变化?

2. 化学变化中物质会生成新的物质吗?

3. 点燃蜡烛发热烯化属于什么变化?

4. 石蜡燃烧生成水和二氧化碳属于什么变化?

5. 什么是物理性质?

6. 什么是化学性质?

7. 气压降低,水的沸点?

1. 蜡烛由哪两部分组成的?

2. 如何收集氧气?

3. 如何收集呼出的气体?

4. 澄清石灰水有什么作用?

5. 用什么检验气体?

6. 蜡烛火焰分几层?分别是?

7. 蜡烛哪层火焰温度最高?

1. 如何取固体粉末?

2. 如何液体倾倒?

3. 液体如何量取?

4. 酒精灯如何使用?

5. 如何加热?

6. 如何检查气密性?

7. 试管如何洗涤?

8. 看图说物.

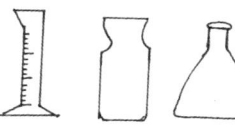

我教孩子用主动提问的方式来学习

要点 12
把问题主动暴露出来

你的孩子害怕老师抽背课文吗?
你的孩子害怕老师点名提问吗?
你的孩子害怕老师突击测验吗?
你的孩子害怕老师考前不划重点吗?
……

越害怕,说明学习上的问题越多、越大。这些问题是怎么来的?因为平时看得少、懒得记、不思考,所以问起来答不上,考起来写不出。

把学习上的问题藏着掖着,等老师用糟糕的分数来提醒,等家长用严厉的态度来教育,不如把学习上的问题主动"暴露"出来:平时多看书,不懂就思考,想不出就问。

再没有比课堂更适合"暴露"问题的地方了。

要点 13
敦促落实：三分教，七分等

孩子身上表现出来的问题，大都不是一两天形成的，所以再好、再有用的方法教给孩子，希望他们马上就有本质的改变，这其实不切实际。

《弟子规》里有句话叫"事勿忙，忙多错"，讲的就是事缓则圆的道理。生活中的很多事情看起来火急火燎的，其实缓一缓就有重大转机。让孩子改变学习习惯，鼓励他们改用更高效的方法，这种事情其实应该三分教，七分等。从适应到接受有一个过程。

我经常告诉家长，要把目标、方法贴在家里的四个地方：孩子的书桌旁、家里的客厅、家里入户门、洗手间，通过耳濡目染的方式，让这些东西先进入他的潜意识，不要一天到晚变着花样催，孩子的特点是你越强迫他做，他就越反抗。等到他学习真正遇到困难了，经常受挫，压力上来了，没准他就会悄悄尝试看看。

另外，成为会员的家长也可以有意无意跟孩子这样说："制定这个学习流程的老师，百度和今日头条里都有他的介绍，网上有他的直播课，我正在学习他的录播课，你要是需要就找我，我给你登录密码；如果不需要，你就自己想办法。"

总而言之，要想孩子尽快接受，就不要强迫孩子去做，也不要用道理去说服。有些家长总认为自己说什么，孩子就该听什么，这样的孩子才算听话，是好事。其实如果不论你说什么孩子都马上接受，这并不好，说明孩子没有思考。一旦脱离了你的指令，孩子会没有任何主见。

> 你有没有强迫孩子接受你的观点？如果不接受，你是否认为孩子在挑战你的威严？

要点 14
笨法子的力量

在凡事讲急速、讲变通、讲绝招的今天，"老实"这个词显得不那么受欢迎，甚至有些笨拙、死板的意味在里面，但我个人非常推崇老实的态度。

古话讲得好，老实厚道人常在，投机取巧一时能。真正聪明的人往往知道下笨功夫。西方也有表达类似意思的谚语——没有一个智慧的父亲会领孩子走捷径。

2022年春节期间，我曾经辅导过的一个孩子来办公室看我。他之前在吉林省一个地级市读高二。当时，他所在的年级一共15个班，每个班级大约50人，从他妈妈口中得知，孩子从来没有进过班级前40名。刚进高三时，家长带着孩子过来接受过两次指导，我把高效的学习方法教给了他。

也许是外地的孩子来一趟不容易，掌握这样的方法之后，比本地或者身边的孩子更觉珍惜，真是远学近做效果好！当年高考，这个孩子最后以全地区第九名的成绩，考进了北京航空航天大学。这次来看我，一方面是过来道谢，另一方面，是想向我请教一些去德国留学的事宜。

聊完之后我问他："当年的成绩非常差，但最后却成功逆袭成学霸，考进北航，回过头总结经验，你觉得最重要的事情是什么？"

"老实。就是相信老师，没有杂念，一步步按老师指导的去落实。"他想了想，然后继续补充道，"老实就是always be honest。"

启动学习力：让孩子自主学习的秘密

要点 15
再好的药，舔一舔都不治病

医生给病人开药时，往往要再三叮嘱某某药每天吃几次，每次吃几片，多少天一个疗程，吃几个疗程可以把病治好。如果医生给你开最好的药，但你每次都害怕副作用，只是舔一舔，随随便便减量，再好的药都没用。相反，医生哪怕开的不是特效药，只要按医嘱吃够量，病也能好。

给孩子做辅导解决学习上的问题，其实也跟医生看病一样。具体的方法就像治病的药，我们也会给出"剂量"，让家长领着孩子课后去落实。如果没画过 100 张思维导图，别说你用心学过；没亲自提过 500 个问题，别说你真正思考过。学习是不可能一蹴而就的，最神奇的方法是落实。

我经常跟孩子们说，真正有效的学

> 你和孩子一定知道很多学习方法，你们认真落实了哪些？又坚持了多久？

习是"深信"，信是道之源，是功德之母，尽全力，拉满弓，一以贯之，不言放弃，只问耕耘，不问收获，然后静待佳音。一旦深信就要坚决执行，真正落实了才能到位。一切所谓的能力，其实都是把事情做到位，就是把每一步都做到极致。

当然，你也可以不信，不信就不要启动，慎始善终。最糟糕的状态是半信，半信就等于半疑。半信半疑的状态其实是一种内耗，劳神、费时、烧钱，往往还看不到效果。

还是那句话：再好的药，只是舔一舔都不能治病；再管用的方法，也架不住浅尝辄止。

要点 16
现在学还来得及

早期讲思维导图也好，现在介绍高效的学习方法也好，总有家长问：我的孩子现在才学，还来得及吗？

每当家长问这个问题时，我都会反问一句："您的父母以前肯定也提过类似的要求，但您做到了吗？"中国有句老话叫"书到用时方恨少"，大家肯定都听过，里面的道理也都懂，但有没有做到呢？

如果想享受树荫下的清凉，那么最好的种树时间是十年前，其次就是当下。教育孩子也是一样的道理，如果孩子之

启动学习力：让孩子自主学习的秘密

前学习不好，家长也没有重视，那么开始改变的最佳时机就是现在。

老子在《道德经》中说过："大道甚夷，而人好径。❶"大概意思是，大路其实很平坦，但人们偏偏想走歪道。

学习和进步都需要投入时间，这是正道；各种速成、速学，本质上都是歪道。太急功近利的人，往往要交不少智商税。真正聪明的人都在下笨功夫。

与其左顾右盼，不如立即行动。

❶ 一说"大道甚夷，而民好径。"

要点 17
成长与进步，都需要等待

等待是孩子成长过程中需要补上的最后一课。

有道是"事缓则圆"。学习不是在沙地上竖竹竿，立竿就能见影，成长和进步的过程都是缓慢的，需要投入一定的时间才能见到效果。所以，家长知道孩子在努力就行了，不要比孩子还心急，一会儿过问进度，一会儿检查效果。

只要孩子找到了学习的感觉，给孩子足够的时间和自由就行。如果孩子没有找到学习的感觉，你就是天天问、天天催，也不会有任何效果。

我从来不信学习上的速成，但我相信勤能补拙，相信"铁杵磨成针"的道理。不只是孩子的学习，像减肥、治病、锻炼身体、经营家庭、改善生活等，一切都遵循"事缓"哲学。

没有突然就得病的，也没有突然就病好的。路要一步步走，饭要一口口吃，付出从来不会马上获得回报。给孩子时间，给自己时间，不紧张、不焦躁，一切事情都会因为"事缓"而"圆满"。

> 在孩子学习进步的过程中，你不耐烦地催过吗？你感到心急如焚吗？

启动学习力：让孩子自主学习的秘密

要点 18
我为什么要跟孩子直播连麦

每个月，我都会安排一些教育直播。不管直播的主题如何调整，不论直播的时间长短，有个环节我一定会设置，那就是与孩子直播连麦，让孩子带着父母一起听。

孩子学习，从来不是死读教材上的知识而已，也不能只会刷题，他们从学校毕业走上社会，最终都是要跟人打交道的。给孩子一个直播连麦的环节，就是给他们提供一次学会交流的机会。不管学文学理，交往能力都是孩子的必备技能。

很多孩子不敢在大庭广众下讲话，不知道怎样介绍自己，面对长辈不会问好，甚至不能流利地把一句话说清楚、讲完整。我认为这样很不好。所以，尽管每次直播时间有限，我都坚持把这个

> 你的孩子能落落大方地开口讲话吗？

环节保留了下来。

连麦过程中，我会引导孩子主动开口，从介绍自己开始，然后逐步变得敢问问题、会问问题，学会了基本的交流，孩子慢慢就变得会说话了，交往能力也就相应提高了。

有些家长知道孩子不会说话，就怕让孩子开口，或者代替孩子说话，担心在老师面前"出丑"。这是错误的。平时生活中，该孩子答话的场合要让孩子讲，不要怕孩子说不好而代劳。

越不让孩子说，孩子就越不会说。越怕孩子说不好，孩子就会真的说不好。退一万步说，在老师面前"出丑"，总比今后在领导、大众面前"出丑"要强。

> 你害怕孩子因为讲不好话而让你"出丑"吗？你因此骂过他（她）吗？

伍

知方法：清晰与落实

大事看规律，小事看方法。再宏伟的目标，再优秀的计划，最终都要在脚踏实地中慢慢实现。做具体的事情要学会用一些巧劲，具体到学习中，每一门功课都有特定的方法；听课、做笔记、总结归纳，这些具体的事情也都有技巧可言。这些年来，思维导图学习法，搭配我们总结的高效学习的九大模型，为许多孩子解决了学习的难题，让很多家长悬着的心落了下来。不过，再巧妙的方法，没有认真落实做支撑，依旧等于零。

要点1
深刻、通透、解决

有的家长问："你们的教育标准是什么？"这也不是什么商业机密，简单来说就是六个字——深刻、通透、解决。

所谓"深刻"，就是抓住"核心的问题"和"问题的核心"。

过来找我做咨询的家庭，我都会先给家长、孩子探探底，为的是找出问题的根本所在，相当于做体检一样。知道了根源，才能对症下药。

所谓"通透"，就是既要有理论高度，又要融入实践经验和结果。

我们的学习既融入了老子、孔子、孟子、庄子、荀子、韩非子、王阳明、曾国藩等中国历史名家身上的优秀经验，同时还吸收了苏格拉底、卢梭❶、苏霍姆林斯基❷、马卡连柯❸、杜威❹等世界名人的教育理念。

---

❶ 让·雅克·卢梭，18世纪法国启蒙思想家、教育家、哲学家。

❷ 瓦·阿·苏霍姆林斯基，前苏联著名教育家。

❸ 安东·谢苗诺维奇·马卡连柯，前苏联著名教育革新家、作家。

❹ 约翰·杜威，美国著名教育家、哲学家，现代教育学创始人之一。

所谓"解决",就是让孩子一听就懂,一用就灵。

通过我们长时间的观察与家长、孩子的反馈,只要坚持按要求学习,一个月必然提高成绩,三个月就能形成稳定的状态,成绩大起大落、像坐过山车一样的状态一去不复返。

要点 2
在什么阶段,定什么目标

学习目标不是一成不变的,而是要根据实际情况及时调整。在什么阶段,就要定什么样的目标。具体来说要注意三点:

1. 大小合适

读小学定初中的目标,读初中定高中的目标,然后高中定大学,大学定人生。总之,每个阶段的目标要循序渐进。目标越大就越虚,越虚就越难落实,看不到实际进度就会觉得目标无法完成,从而失去信心。

2. 及时奖励

每定一个目标,一定要定好完成目标能拿到的奖励。大目标给大奖励,小目标给小奖励。奖励不一定要贵重,但最好是孩子自己喜欢的。这也是提高孩子学习动力的一种方式。

3. 制作目标板

把要实现的内容详细写下来，放在显眼的位置，相当于给孩子一个督促。完成的目标板收藏在一起，日积月累孩子会很有成就感。同时还能根据前一个目标板的完成情况，调整下一个目标板的难度，完成得好可以适当升一点难度。

要点 3
精通"三定"，玩转理科

说起理科学习的核心，很多人的第一反应就是做题。我不这样认为。

理科的理作"规律"讲。其中，数学研究数据的规律，物理研究物质的规律，化学研究物质变化的规律，生物研究生命的规律。这些规律藏在哪里？其实都在课本里。课本上加黑、加粗的那些重要知识点就是理科的"三定"——定义、定理、定律。把它们精通了，知道彼此间的来龙去脉，理科就能玩转了。

不过，由于每门学科的特点不同，"三定"的具体含义也不一样。

数学世界本身就建立在定义之上。世界上没有绝对的直线，也没有绝对的三角形，但是通过定义可以研究它们的规律，从而改造大自然，这是数学的本质。而根据定义，又可以推导出很多定理、公式，比如勾股定理中就有公式 $a^2 + b^2 = c^2$；知道相交线、平行线的定义，就可以推断出三角形中位线定理。所以，数学的定义非常重要，必须准确、熟练掌握。数学的定律很少，主要就是小学阶段的运算律。所以，数学的三定主要侧重在定义、定理、公式上。

物理跟数学又有本质上的不同，它特别侧重定律。像电子、中子、磁场……这些都是客观存在的，不需要专门定义。不过为了更好地说明定律，会定义一些特殊符号。物理也有公式，但多是根据人们发现的相关规律总结推导而来。牛顿第二定律就是这样：物体加速度的大小跟作用力成正比，跟物体的质量成反比，且与物体质量的倒数成正比；加速度的方向跟作用力的方向相同。由这个定律可以推导出公式 F=ma，其中 m 是重量，a 是加速度。所以，学好物理的关键是搞懂每个规律的研究过程、原理以及对应的公式。

化学、生物也一样。化学虽然没有定理、公式，但它有化学方程式，有化学实验；生物定理定律都没有，但它有丰富的定义和概念。

由此可见，精通了"三定"，就为玩转理科打下了坚实基础，大家可以根据教材内容分科落实。梳理 100 个知识点后，相信大家对"三定"会有更深刻的理解。

要点 4
理科学习四步法

按照下面四个步骤学习理科，就算不大量刷题也能快速拿高分。

第一步，根据教材的目录章节来画思维导图，把学过的内容先按章节整理成体系，弄清知识结构。

第二步，按照各个学科的特点整理"三定"，弄清各自之间的重点、区别、联系。要想记牢、吃透"三定"，就要多读、多想、多问、多推导。

第三步，搞懂各个学科的母题。数学的例题就是母题；物理没有例题，但有实验思考题；化学主要是化学反应实验以及实验的过程、细节；生物主要是案例与图示。这些内容都应该认真摘抄。通过多年实践我们发现，认真搞懂搞透母题的孩子，难题也都做得特别好。

> 你的孩子会推导例题吗？会对例题举一反三吗？

例3. 在棱长为1的正方体$ABCD-A_1B_1C_1D_1$中. M为BC_1的中点，E_1、F_1分别在棱A_1B_1，C_1D_1上. $B_1E_1=\frac{1}{4}A_1B_1$
$D_1F_1=\frac{1}{4}C_1D_1$

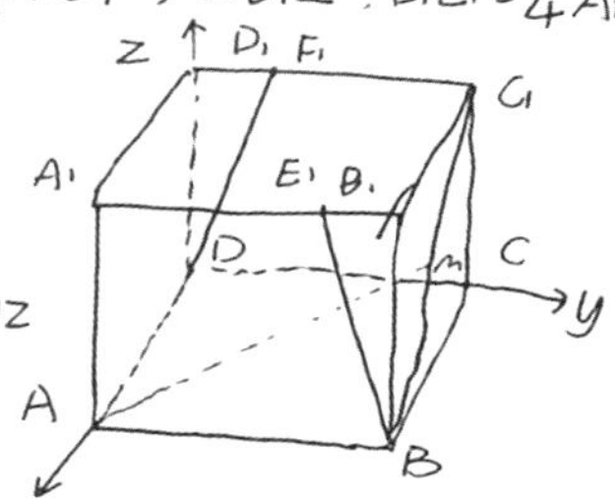

(1) 求AM的长

解：(1) 建立如图坐标系 Oxyz

则 $A(1,0,0)$

$M(\frac{1}{2},1,\frac{1}{2})$

于是 $AM=\sqrt{(\frac{1}{2}-1)^2+(1-0)^2+(\frac{1}{2}-0)^2}$

$=\frac{\sqrt{6}}{2}$

(2) 由BE_1与DF_1所成角的余弦值.

$B(1,1,0)$ $E_1(1,\frac{3}{4},1)$ $D(0,0,0)$, $F_1(0,\frac{1}{4},1)$

$\overline{BE_1}=(1,\frac{3}{4},1)-(1,1,0)=(0,-\frac{1}{4},1)$

$\overline{DF_1}=(0,\frac{1}{4},1)-(0,0,0)=(0,\frac{1}{4},1)$

$|\overline{BE_1}|=\frac{\sqrt{17}}{4}$ $|\overline{DF_1}|=\frac{\sqrt{17}}{4}$

$\therefore \overline{BE_1}\cdot\overline{DF_1}=0\times0+(-\frac{1}{4}\times\frac{1}{4})+1\times1=\frac{15}{16}$

$\cos<\overline{BE_1},\overline{DF_1}>=\frac{\overline{BE_1}\cdot\overline{DF_1}}{|\overline{BE_1}||\overline{DF_1}|}$

$=\frac{\frac{15}{16}}{\frac{\sqrt{17}}{4}\cdot\frac{\sqrt{17}}{4}}=\frac{15}{17}$

我要求学理科的孩子认真抄例题，认真研究例题最后一步才是大量做题。做题时先把课后习题做完、弄懂，然后根据做题的情况自行调整做题的难度和数量。

严格按照这四个步骤来做，相信每个孩子都能轻松搞定理科学习。

要点 5
学文科用"5W1H"六维分析法

文科怎么学？关于这个问题，大部分家长和孩子，外加一部分老师的答案都是一致的——背呗。但文科的知识，谁背谁知道，根本背不完。指望完全靠背就能拿高分，很容易在文科学习上栽跟头。

很多孩子背了许多内容，结果一到考试还是不行；背了很多答题模板，可以一到大题、分析题，还是无话可写；零碎的知识点几乎遍布书本的每个角落，记少了不够考，记多了又容易弄混。由于只有死记硬背，孩子一听要学文科

> 你的孩子会梳理文科知识之间的关系吗？

就觉得枯燥无比，提不起一点儿兴趣。

文科其实不是这样学的，我强烈推荐孩子使用"5W1H"六维分析法学习文科，不用死记硬背也能拿高分。

什么是"5W1H"？所谓"5W"是指 When（时间）、Where（地点）、Who（人物）、What（事情）、Why（原因），"1H"是指 How（怎么样）。把一件事情讲清楚、讲完整，往往离不开这六个要素。

文科的"文"本义是"花纹"，是用来装饰的东西。要想把生活中的一件事说清楚，把一件东西的样子记住，就要尽可能找到它的装饰点，或者说特点。发现的装饰点、特点越多，记得越牢。"5W1H"对应的内容就是文科各个知识点的装饰点，把它们找出来一起掌握，学文科也能像学理科一样有规律可循，能极大减少死记硬背的负担。

要点 6
史地政不要死记硬背

历史、地理、政治这三门文科，很多孩子从小到大都是背出来的。由于只顾着背，不开动脑筋想，很多孩子这几门学得都不太好。这里我想以"5W1H"六维分析法为例，帮助大家重构文科的学习思路，让孩子学习文科时能更高

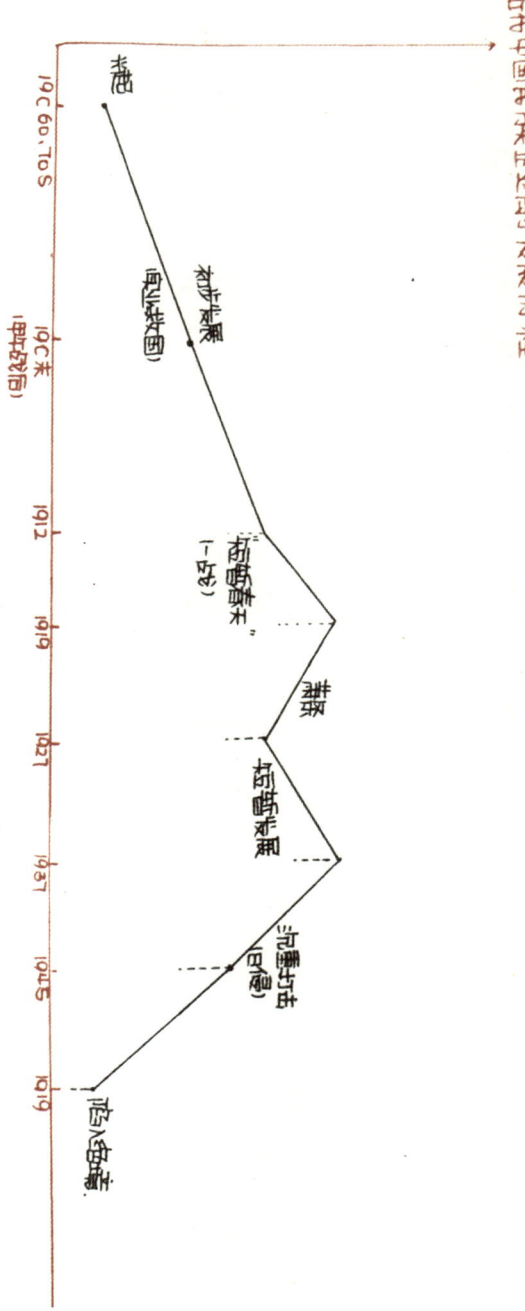

近代中国民族企业发展历程

理清时间轴是学好历史的重要基础

效、更轻松。

先说历史。历史这门学科，主要是研究人类过去发生的重大事件，所以这门学科的本质是把握事件的时间点，以时间为中心，串起所有相关的知识。所以分析历史时，要紧紧抓住"When"，什么样的时间，决定了当时的社会背景以及时代意义。在这个基础上，把Where, Who, Why, What, How等信息填充进去，原本零碎的知识就成了整体，散装的考点就变成了完整的故事。先按时间顺序整理，再做横向串联，通过这种方法把世界的、中国的历史纵横比较，不仅思路清晰、记忆深刻，还能触类旁通、举一反三。这样学历史，考试得满分都不是什么难事。

地理和政治也是如出一辙。前面说过，不同的学科有不同的特点，"5W1H"六维分析法在运用过程中也要灵活变通。地理则主要侧重Where，不管是气候环境还是风土人情，所有的知识都建立在具体的地点与位置上，而地图是帮助了解Where的最佳工具，因此地理主要是围绕这两块来构建知识体系。至于政治，不论是政治制度，还是法律、经济原理，这三块的内容都要先用思维导图梳理出各自的体系，然后把重心放在Why和How上面，每个领域里的专有名词，建议参照理科"三定"来掌握。

总而言之，学文科不要盲目死记硬背，要理出知识之间的逻辑。文科的小题就是考知识点本身，大题就是对各种小知识点的归纳整合。所以学文科一定要回归课本，要理顺知识框架，这很重要。

要点 7
语文如何拿高分

> 你的孩子语文学得好吗？他们每天拿出多少时间学语文？

为什么我要单独把语文拿出来讲？这是因为很多同学认为，语文学与不学，分数变化都不大。这是不对的，觉得学与不学没区别，主要是因为学习语文的方法不对。

除了多看、多读、多写，语文这门课应当结合"5W1H"六维分析法来梳理各类知识，它的"5W1H"比较全面，其中阅读理解中这6个点都有。

比如鲁迅的《狂人日记》用"5W1H"六维分析法怎么学呢？

首先是时间，《狂人日记》是在新文化运动背景下发表的第一篇白话文小说。那新文化运动又是什么样的历史背景呢？顺着这个脉络思考就能更好地理解文章，而且还能顺带复习历史知识。阅读理解的很多题，其实就是考孩子有没有思考背景的能力，而写作的背景往往又跟文章的中心思想直接挂钩。这样一梳理，很多东西就清晰了。

其次是作者鲁迅。孩子有没有深入了解过他究竟是谁？为什么弃医从文？有什么影响力？这些东西考试不一定考，但孩子弄清之后，他就会知道这篇文章鲁迅为什么要这样写。

最后，内文的起因、经过、结果分别是什么，把它们梳理出来，整个文章的结构就清晰了。阅读理解时知道了背景，知道了作者，知道了事情的来龙去脉，还有什么地方能难住孩子呢？

古诗和文言文学习也一样，同样要注意抓住人物和时间，其他内容用思维导图灵活处理即可。

体裁和修辞是语文特有的考点之一，阅读理解和作文做不好的孩子，大都是在这里丢分。

像记叙文一般考查记叙顺序、记叙文的六要素、人物描写、主要内容、中心思想等方面，知道这些之后，平时阅读就容易有针对性地强化。把各个体裁的内容都掌握了，做阅读就非常简单，通常一个月左右就能攻克阅读难关。

很多孩子背范文框架，结果结构没啥问题，最后败在了写不出好句子上，这主要是因为修辞技巧不过关。我要求前来找我辅导的孩子，每次读文章都要快速标记使用了修辞的句子。时间长了你就会发现，阅读理解总考查修辞，而且养成了这种习惯，就会运用修辞，作文能力就会提升。

要点 8
学外语要做好"两个翻译"

不少孩子学习外语很努力，背了很多单词，但成绩就是没有起色。单词会认、会写，语法会背，但就是做不好听力，一做选择、完形填空、阅读理解就模棱两可，写作也处处丢分。

出现这些问题是因为学外语时，没有把它当成一门语言来学。学习外语的最小单位不应该是单词，而是句子，只有句子才是完整表达一个意思的最小单位。孩子学习母语时，也不是从背词开始学的，而是由简单到复杂，从交流开始。所以平时学外语时，目标一定是拿下了多少个完整的句子，而不是背了多少单词。

> 你的孩子熟练掌握了多少个完整的英文句子表达？

英语原句：

Norman Bethune is one of the most famous heroes in China. He was a Canadian doctor. He came to China to help the Chinese people and died for them.

汉语翻译：

诺曼·白求恩是中国最有名的英雄之一。他是一位加拿大医生。他来到中国，帮助中国人民并为他们而献身。

想学好外语，做好两个翻译非常重要。

要想打牢外语基础，我有一个好方法——做好"两个翻译"。有不少孩子用这样的方法训练一两年后，外语都拿到了不错的成绩，有几个孩子还拿了满分。

"两个翻译"就是先把外语译成汉语，再把汉语译回外语。总共分成四个步骤：

第一步，把要翻译的某个原文段落摘抄在一个本子上；

第二步，将抄写的原文译成汉语，不会的字词可以翻书，查词典；

第三步，把抄写的原文遮住，不看词典、课本，只看自己翻译的汉语，把它们译回外语；

第四步，将译出来的外语与原文进行比对，找出错误，然后修改，弄清不一样的地方。

这四个步骤很关键，不可以颠倒也不可以删减。

通过两次翻译，单词和句型、词的用法、两种语言表达的异同，等等，没有弄懂的问题都会在两个翻译中暴露出来，出现什么问题，就解决什么问题。

通过这种地毯式的排查，很快就能找到孩子外语学习的问题所在。

最后我想补充的是，凡事循序渐进，贪多嚼不烂。一开始不要翻译太多，外语基础不好时，孩子会很辛苦，容易失去信心和动力。

要点 9
培养语感的三个技巧

语感是可以培养的,培养一个好的语感,能让外语学习变得事半功倍。有三个技巧供家长和同学们参考:

技巧一:拿着翻译本,看汉语,读外语。

读的过程中还可以录音,录完后和原文进行比对,看看下意识说出来的内容跟原文有没有不一样,这样有助于形成外语表达的思维。同时,这样做也有助于纠正外语发音。

技巧二:听歌曲,记歌词。

对于喜欢听歌的孩子而言,这是提高外语综合能力的好方法。我有一个学生,外语经常考满分,她就特别爱听迈克尔·杰克逊的歌,那些歌词都会背。而且多听歌对提高听力也有帮助。

技巧三:生活中,看汉语说外语,不会的记在翻译本上。

日常生活中,看到的、用过的东西,都可以试着用外语说一说,不会的就记在翻译本上。这种广撒网的方式不仅有助于养成用外语表达的习惯,还能帮助积累词汇量。

这三个技巧可以都用,也可以根据自己的情况选 1~2 个使用。

要点 10
思维导图六步法

思维导图是一种非常神奇的工具,它是由英国人托尼·博赞[1]发明的,诸多世界一流学府、世界500强企业都在使用它。

经常使用思维导图的人,记忆力、分析力、概括力,以及认真的能力都更强。关于思维导图的方方面面,我在《听崔宇讲思维导图》一书中已经讲得很清楚了,市面上的同类书也有很多,大家都可以参考。

这里想着重讲讲我推荐的思维导图六步法。

第一步是定主题。每张思维导图有且只有一个主题,这样能明确核心知识点,在有限的时间里聚焦一件事,提高学习效率。

第二步是定顺序。第一个分支要

---

[1] 英国著名教育学家、心理学家,世界记锦标赛创始人,思维导图发明者。

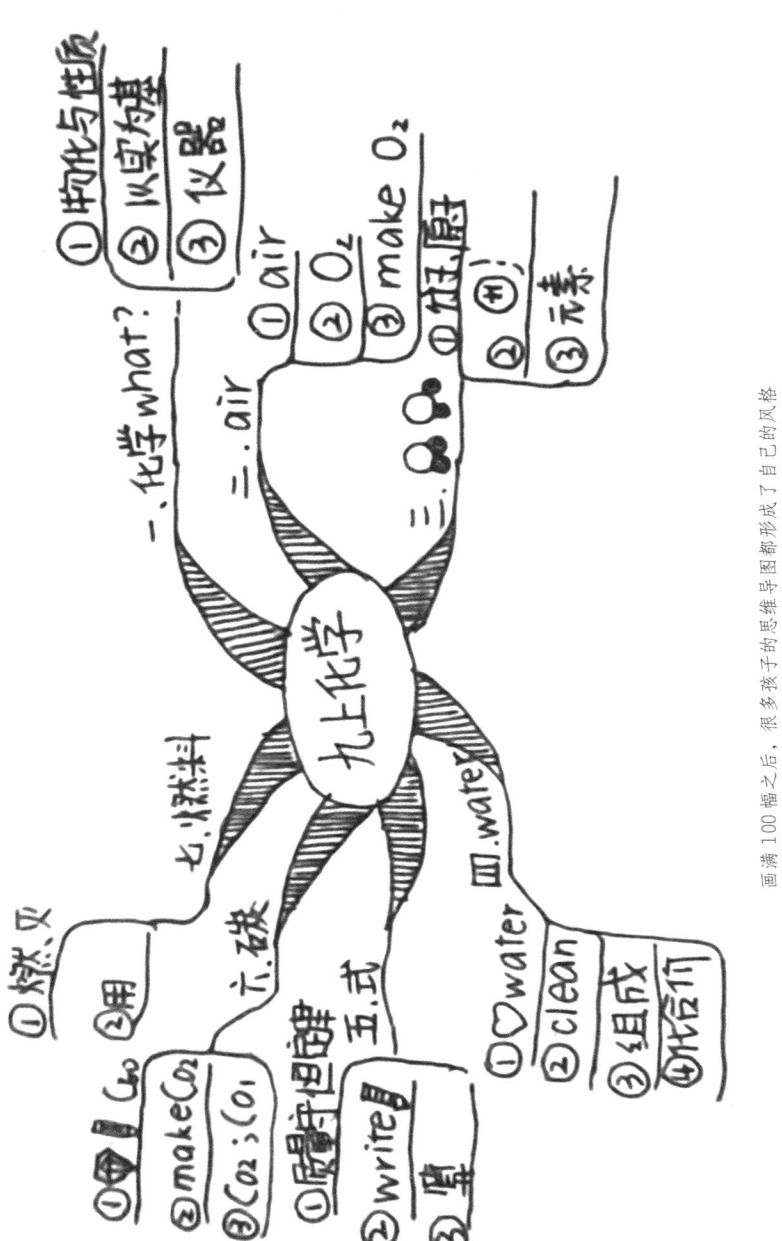

画满100幅之后，很多孩子的思维导图都形成了自己的风格

画在 1 点钟方向，因为如果从 12 点方向开始画，思维导图的分支就是竖直的，不美观也不好用，所以要偏移一点角度。

第三步是理分支。像一本书有几章，每章有几节，每节主要讲什么……像这些结构关系，通过理分支就能做到一目了然，心中有数。

第四步是提炼。提炼是一个再创造的过程，把别人讲的内容用自己理解的话概括总结出来，这样更容易记住。

第五步是蓝色笔。我个人推荐使用蓝色笔画思维导图，因为相对于压抑的黑色而言，蓝色能带给人平静，画出来的效果更美观。

第六步是标时间地点。在思维导图上标注画图的时间和地点，能让人在复习回忆时，更好地回到画图的特定情景中，有助于导图复现。

我在思维导图培训中就使用上面的六步法教孩子，一般二三十分钟就能学会❶。

❶ 这里的"学会"只是指记住步骤、掌握要领。没亲手画过100幅思维导图，不算真正学会了。

要点 11
用思维导图把厚书读薄

思维导图有很多用法，但帮助孩子把厚书读薄就是当下最重要的功能之一。毕业后走向社会，它也是帮助孩子自主学习、提高竞争力的好帮手。所以，学会使用思维导图非常重要。

那么，如何使用思维导图把厚厚的教材读薄呢？

第一步，画目录。学科名称就是导图的主题，这样可以迅速理出一学期的知识框架，帮助孩子迅速建立自信心。

第二步，画章节。以具体某一章为主题梳理重难点，这个过程中一定会出现不会的地方，把它们找出来，逐个解决。

第三步，记导图。人脑对关键词和图像都很敏感，记它们比记普通文字更容易。所以我教的思维导图法，更推荐用关键词和图像来概括，提高记忆效果。

这个过程中要注意的是，刚开始画思维导图时，由于方法不熟悉，基础不牢固，建议按照书本，从目录章节开始画。

成绩提高、导图画法熟练之后，可以尝试自己进行知识点的整理、归纳，让知识体系化。进入这个阶段时，可以尝试自己定思维导图的主题。

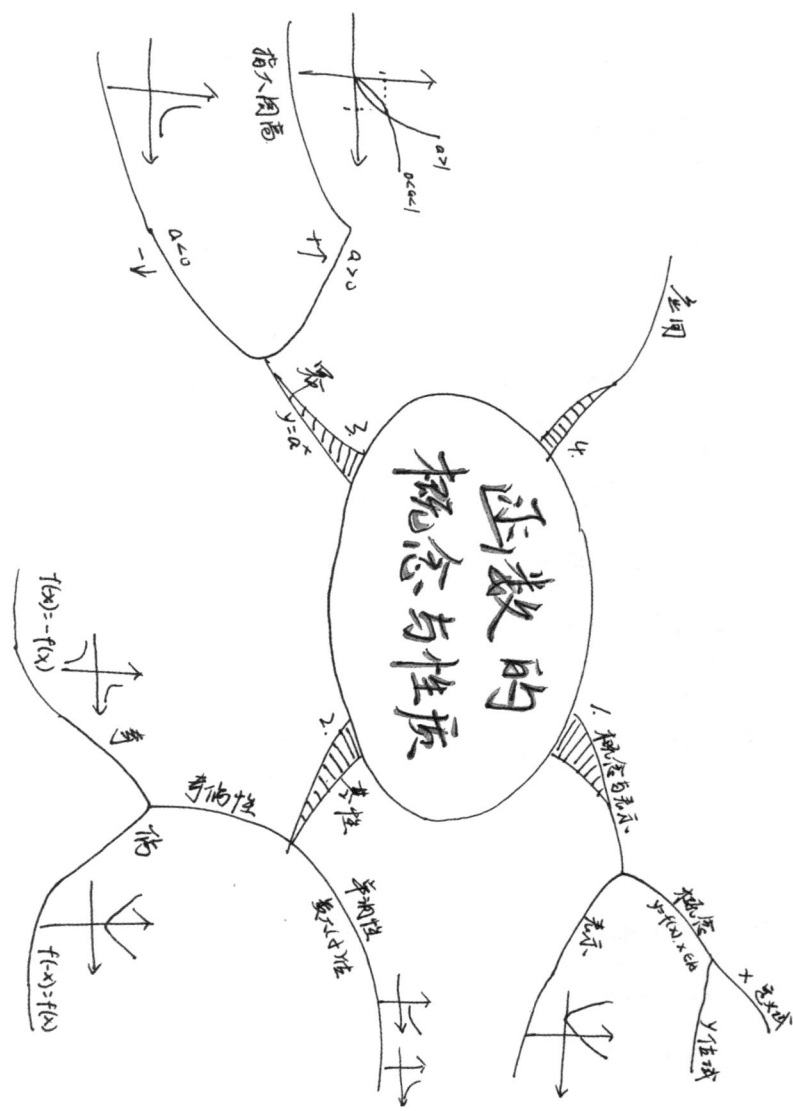

要点 12
如何把长期学习化整为零

（一）

学习是一个长期的过程。由于太长了，很多心理承受能力不好的孩子一想到这件事，觉得遥遥无期，看不到头，就产生了放弃的想法。

我有一个小妙招，就是用思维导图给孩子算时间账，把长期的学习化整为零，把漫长的学习分成若干阶段，每次就处理好一个阶段。孩子没那么大压力，就容易在轻松的状态下日积月累地进步。

如何引导呢？举个例子。孩子画一幅思维导图，大约需要半个小时，这幅思维导图可以涵盖一大节的知识点。一章大约四五个大节，也就是大约需要两个半小时学完一章。一本书六章，大约就是十五小时。相当于周末两天在家，就能复习完一本书。隔段时间巩固一下，这些知识就会牢牢印在脑海里。一个学期学几本书，大概就要用几个周末的时间来梳理。

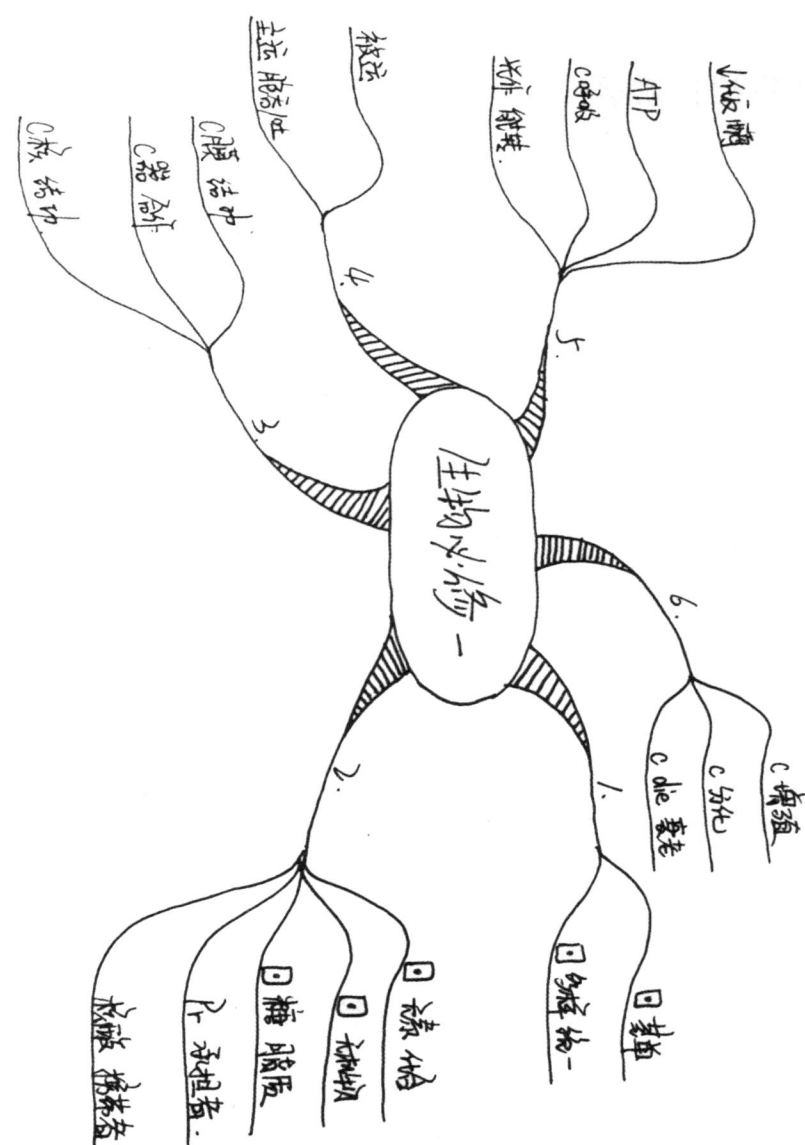

这样，看起来多的学习任务用数字具体化了，一大块的学习任务分解化了，孩子心理压力小，努力复习过的知识清楚看得见，坚持下去，进步便是水到渠成的事。

（二）

除了思维导图，还有一个将学习化整为零的好方法，那就是提问。

对于中低年级的孩子，我的要求是孩子每堂课要提出5个问题。对于进入高中的孩子，我的要求是每堂课要提出10个问题。这些问题，孩子都要自己回答出来。这样，一门功课的学习就变成了提问和解答的过程。

提问的时间账怎么算？很简单。按每天提5个问题算，一个星期就是25个问题，一个月按4周算就是100个问题。一个学期按4个月算就是400个问题。一门功课，一个学期能搞清、搞透400个问题，我相信孩子的成绩一定会有明显的提升。

任何时候，都不要要求孩子一蹴而就，多关注孩子的微小进步。这个道理，荀子在《劝学》中讲得很透彻了："不积跬步，无以至千里；不积小流，无以成江海。"

要点 13
问什么、怎么问

在具体实践中,有的孩子在提问时遇到了麻烦,主要是问什么、怎么问。

1. 关于"问什么"

文科就是紧紧围绕"5W1H"有关的知识点提问;理科就是紧紧围绕"三定"和具体的知识点,搞清它们的来龙去脉,而不仅仅是问一个具体的题目。比如,上课时没听懂的地方,或者引发新思考的地方,可以提问;看课本、做习题时,弄不明白的地方可以提问;孩子自己联想到的相关问题,也可以提问。

总之,哪里不会问哪里,问什么问题都行,但要围绕知识点。

2. 关于"怎么问"

提问有三个步骤:

第一步,提出问题,不写答案。

第二步,寻找答案,另页记录。

第三步,整理答案,系统梳理。

问题多了以后,针对哪些是共性问题,哪些是特殊问题进行分门别类系统梳理，有助于形成知识框架。

我们建议每个孩子都专门准备一个提问本，把平时提的问题都积累在这个本子上，然后把答案写在另一个地方。这样每次看提问本，脑海里就会联想答案，每看一次，就相当于复习一次，回想不起来的地方及时查漏补缺。如果孩子的复习效率总是不尽如人意，不妨试试这个方法。

要点 14
准备一个错题本

错题本是提高成绩的好工具。

考试是为了检查学习的质量，看看学过的知识中，哪些会，哪些不会。一道题错了，说明这道题对应的知识点没弄懂。所以，那些平时做作业、考试丢分的题目，都应该花时间整理到错题本上来。

老师课堂上讲的难题也可以收录。难的本质是没有听懂，也说明对应的知识掌握得不牢固，不能灵活地运用。有的孩子碍于面子，不懂也不好意思说，老师问也不举手。这时，老师就会认为大家都懂了，继续往下讲新的内容，甚至是更难的内容，没听懂的就只能吃哑巴亏。

遇到这种情况，最好的方法还是大胆向老师提问，在课

→草原

错47 "逐水草而居"是某地区人类的生产生活方式,该地区的气候类型最可能是(A)
A. 温带大陆性气候 ——→ 半湿润半干旱草原
B. 温带海洋性气候
C. 热带雨林气候
D. 亚热带季风气候

错48 以下哪条河流走向与其他三条不一致(D)
A. 湄公河　　青藏高原 → 南海　　　　北→南
B. 印度河　　青藏高原 → 阿拉伯海　　北→南
C. 恒河　　　青藏高原 → 孟加拉湾　　北→南
D. 尼罗河　　白、青尼罗河 → 地中海　　南→北堂上消灭不懂的知识是一件很光荣的事情。如果实在过不了心理这一关，至少也应该记下题目，下课后单独向老师请教，然后记录到错题本上慢慢消化。

每一道错题，就是一个知识漏洞，像极了战场上的敌人，不知道什么时候就会冒出来，考试遇到了就会措手不及。通过错题本优先消灭这些漏洞，就能在今后的考试中减少丢分的机会，达到提高成绩的目的。

> 你的孩子会主动使用错题本吗？会主动回顾错题本吗？

要点 15
认真听课的"一不三会"

人人都听过课，但不是人人都能把课听好，无论年龄。有人听完受益匪浅，有人听了跟没听一样。

我曾经跟家长在课上说过这样一句话：要想做到认真听课，你得把它当成一件非常重要的事情去对待。

首先是"不要迟到",因为迟到会破坏第一印象。

然后是"提前安排好无关紧要的事情,让手机不要乱响"。

接着是"过程中适当地回应,该点头点头,该微笑微笑,该赞美赞美"。

最后是"事后趁热打铁,多沟通、交流,加深印象"。

对应到听课,我把它总结为"一不三会",变成:

上课不要迟到;

课前会做好上课准备,包括文具、书本,以及身体状态;

听课中会积极与老师互动,这样老师能及时知道你有没有听懂,以及自己讲没讲好;

课后会及时向老师提问,解决疑问,巩固学习的成果。

最后补充一点,约会时你可能会拍点照片、录点视频之类的东西进行记录,听课难道不该带个本子带支笔记录点啥吗?

孩子从小养成"一不三会"的听课习惯,走出学校进入社会,学习效率也会比一般人高出一截。

要点 16
读书要"四到"

经常有人问我,怎样才能提高读书的效率?我的建议是读书要"四到"——眼到、脑到、心到、口到。

所谓"眼到",说的是"不拿笔,不读书"。教材和一般的书不一样,每句话都是知识点。阅读重点段落时应该字字用心,看到哪儿,笔就指到哪儿,这样眼神容易聚焦在纸上。在最重要、最关键的地方,用这种看起来慢的方式,效率反而更高。

所谓"脑到",说的是看完一段要总结。用几个字总结一遍,相当于回忆了一遍刚刚看过的内容,把生疏的内容变成了大脑熟悉的内容,能够加深学习的记忆。这样,也许就能把一节千余字的内容精简到二三十个字,可以显著提高学习效率。

所谓"心到",说的是看完一页或者一节内容就把书扣上,尝试用大脑回忆。刚看完就回忆,这时的记忆效果最好。如果看完就忘,说明没有看懂,这时返回去看,更容易发现问题。不要怕麻烦,这总比全部看完再返回去找没记住的地方要方便。

最后是"口到"。如果有条件，最好看完书就把内容复述一遍。能用自己的话复述内容，说明对知识已经有了比较系统的理解，而讲不清楚的地方，就是书没看明白的地方，及时返工就能查漏补缺。

要点 17
我不鼓励冲刺

从教二十多年来，对于考前冲刺这件事，我向来是不鼓励的。

为什么？因为真正学习好的孩子根本不需要冲刺，跟复习一样，功夫在平时。到初三、高三才努力，和初一、高一就开始努力，结果肯定不一样。

但是，这种需求又客观存在。毕竟有的孩子、家长因为各种原因，直到初三、高三才意识到好好学习的重要性，这时转变想法还有补救的空间。冲刺就是这些孩子、家长的救命稻草。

不过，不要因为有这样的救命稻草，就认为早期不好好学也没关系，反正通过最后冲刺也能取得好结果。要想在更短的时间里取得跟别人一样的成就，就意味着要付出加倍的努力，这其中的辛苦，不是每个人都能承受的。因此，大家对此要有一个正确的认识，调整好学习状态，把功夫用在平时，安安心心、舒舒服服地学习。

选择冲刺的孩子，一方面要放平心态。如果你是没有考上重点高中的孩子，只要按照九大模型的方法认真落实，我保证你高中的成绩一定位于班级前列，高考仍有考上名校的希望；如果你是高三的孩子，我也希望你能正确理解自己造成的结果，学会正确面对，不要用情绪和懊悔来消耗自己，抓住当下的时间，认真努力也有希望。

另一方面是全力以赴。冲刺模式本身就是十倍效率在快速学习，这是经过近二十届、数万学生验证过的有效的冲刺方法，你要做的就是充分相信、认真执行。心里干着急，觉得时间不够用了，这反而没有任何作用，胡思乱想只会令你当前糟糕的状态雪上加霜。

要点 18
高效冲刺的四大关键

我们之前辅导的一些孩子，由于起步太晚，准备时间很短，没有办法系统提升。但严格按照我们高效学习九大模型中的冲刺模型来做，最后考试也轻轻松松提高了一两百分。

要想提高冲刺的效果，下面四个关键点一定要认真落实。

1. 落实思维导图

奔着冲刺而来的孩子，一定要立即用思维导图画出课本目录；画完目录再画章节，在思维导图上把不会的知识点圈出来。经过很多孩子的实践，一天完成1～2本书的思维导图框架是完全能做到的事情。即便是高三的孩子，自己努力一点，也能很快就把除外语之外的课本都梳理出来，这样冲刺才有重点。

2. 落实核心知识

所谓的核心知识，理科就是课本的"三定"和母题，外语就是一篇阅读和两个翻译，语文就是体裁。这些都是最核心的内容，不能再删减了，而且只能自己努力拼时间，不能偷工减料。史地政三门文科这个阶段用"5W1H"有点来不及，把握核心知识点，抓大放小才是比较明智的做法。

3. 落实提问

以章节为单位，自己先大量提出问题，然后再逐个解答问题。平时每天上课，每节课也要求自己提8～10个问题，并且求得答案。这样可以在短期内迅速搞定大量不会的知识点，考试成绩自然也能显著提高。

4. 去掉多余动作，不要盲目跟随

这个阶段一定要学会按自己的节奏来，太耗费时间、太超出自己能力范围的习题要先果断放弃，否则时间是不够用的。

最后，我建议但凡不是初三、高三的孩子，就按我说的方法踏实学习，把基础先打牢，这样到初三、高三时就不会慌了，自然也就不会为冲刺发愁了。

要点 19
有没有效，做了才知道

每次直播都会有家长问："你讲的这些方法，真的有效果吗？"

其实这类问题，以前讲大课、做讲座时偶尔也有家长问过，但现在直播课的受众范围比以前大了不少，不管是否了解我的人都能听课，于是问的人明显增多了。

最开始时，我非常不理解，为什么满怀诚意地讲课、毫无保留地分享，却难以取得家长的信任。所以，我最开始总是不厌其烦地和家长解释：

"没有效果，我会坚持20多年吗？那不是自欺欺人吗？"

> 你曾为孩子搜寻过学习方法吗？孩子认真落实了吗？

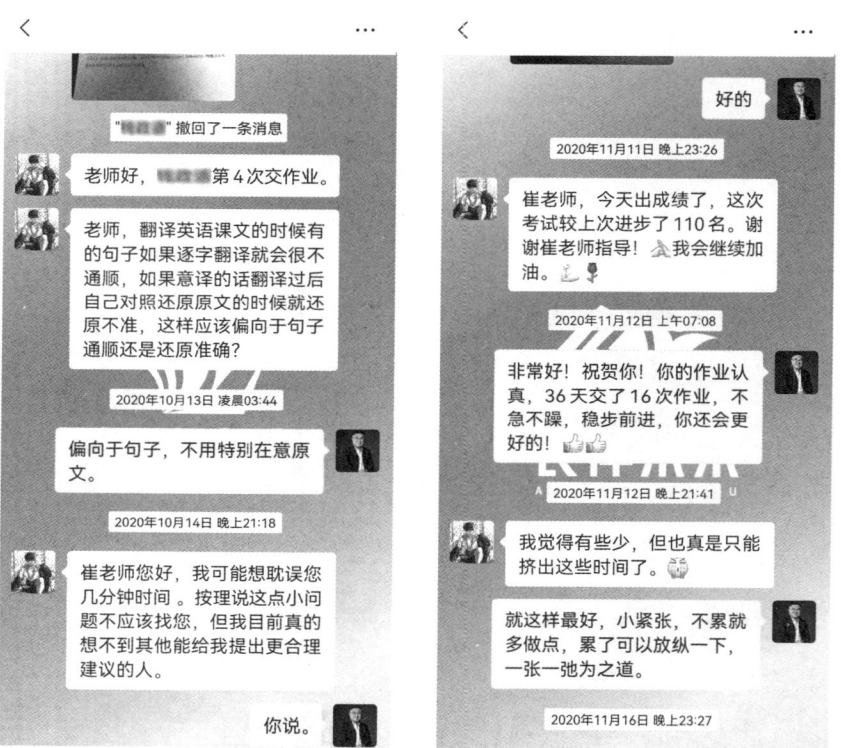

从一个月进步110名到最终考入北京语言大学,一切都归功于孩子的认真落实

"没有效果，我敢做直播吗？直播是面向全球的，各路大家、专家有得是，没有效果不是自讨没趣吗？"

"没有效果，哪有那么多成功的案例？"

……

现在，这类问题我做直播时已经不再解释了。有人问起，我就会统一回复："关于是否有效，大家按照我说的方法实验一下就知道了。"

实践是检验真理的唯一标准。再好的药，舔一舔都不管用。

后记

我为什么想帮孩子启动学习力

学习的能力，其实每个孩子都有，差别在于有没有被启动。

我在读书时期，也曾为学习而苦恼，无论怎么学，进步都很有限，我也一度非常灰心，直到老师偶然间把思维导图教给了我，我仿佛一下就开启了学习的新大门，启动了沉睡已久的学习力，顺利考入大学，然后毕业，走上讲台。

我为什么要进入教育行业？最近很流行的一句话也许能表达我的心声——"自己淋过雨，所以总想给别人撑把伞。"

孩子都希望自己成绩好，但付出了努力却没有成效，这其中的苦，孩子说不出来，家长也听不进去，亲子矛盾就是这么来的。我想为改变这种状况做点什么，于是决定以教师的身份，把我的经验、方法分享给更多的家庭，帮助更多的孩子启动学习力。

二十多年前，当我第一次尝试用我的方法帮学生提高成绩时，我其实并不确定它的效果究竟有多大，但这么多年来

的实践成果让我的信心日益增长。有休学在家八个多月,结果逆袭到全班第一的;有成绩在班级长期倒数,后来稳定在年级前列的;有报名时排全校800多名,毕业时升到年级80几名的;还有入校全校倒数第一,最后考进国际著名大学的……这些案例我都历历在目。通过教学复盘,我发现他们有个共同的特点,那就是一直与我保持紧密的联系,遇到问题主动、及时交流。

受此启发,我很早之前就萌生了一个想法:凡是跟我学习的孩子,我想让他们告别补课,让孩子轻松,让父母不焦虑,把省下来的补课钱用来增长见识,走出去看看更大的世界。当一个人有了高飞的感觉,他就再也不愿在地上爬行了。换句话说,当一个孩子的学习力启动之后,他的学习就会变得自动、自发。

有很多人对我的工作非常好奇,说我既给孩子上课,又给老师、家长上课,有时还接受咨询,调解家庭之间的关系。这就是大家熟悉又陌生的家庭教育,我的工作就是以家庭教育为中心,围绕学习这件事,进行调研、讲课、培训、直播、写作、咨询。

教育这件事,家庭占一半,我希望每一位家长都能懂点教育理念与知识,希望每一位孩子都能懂点学习规律和技巧,而阅读是最方便、有用的方法。到2022年为止，我一共出版了八本书，从内容到设计的每个环节都亲力亲为，因而对一本书的好坏有基本的判断，给家长、孩子推荐我自己读过很多遍的好书，也就成了工作的一部分，希望能借此帮助大家少走一些弯路。现在每次直播，我仍然会从我自己读过的书中，挑出一部分我认为对孩子和家长有帮助的做公益推荐。

但因为种种原因，还有很大一部分家长、孩子，没有办法享受到阅读带来的改变，无法从学习的困境中脱身，他们需要帮助，却没有人能伸出援手。我想让启动学习力的方法为更多人、更轻松地掌握，但要把这件事落实下去，需要组建一个负责任、懂学习，把教育作为事业追求的专业队伍在背后做支持，单靠我一个人的力量，这件事也难以为继。

2021年的春天，在历经种种不易之后，我终于组建了一支强大的咨询队，专门帮助家长和孩子解决学习教育中遇到的问题。在这期间，我还把过去的教学经验、学习心得进行总结，然后分享给家长和孩子。

启动学习力是一个系统工程。所有在学习方面遇到障碍的孩子，无外乎是学习目标、学习效率、学习基础、学习方法四个方面中的一个或几个出了问题。只要找出问题所在，缺什么补什么，孩子的成绩一定会有质的飞跃。另外，学习

后记

本身也不是一件轻松事，甚至有些反人性，孩子不爱学习、逃避困难是天性。所以我们从人性的特点入手，让学习尽可能变得简单、有规律、好操作、见效快。学习者有成就感、获得感，就愿意一步一个脚印学下去。

而要让学习者真正进步，就得回到学习的内容本身。庖丁为什么能轻松分解一整头牛？那是因为他早已熟练掌握了牛全身的结构与特点。学习者如果掌握了一门功课的结构与特点，也能像庖丁那样，轻松解决学习中的难题。不是每个孩子生来都爱学习，也不是每个孩子都会发现知识背后的规律。但这都没关系，通过后天的正确学习，这些问题都能轻松解决。

最近几年，我和团队把网络视频作为一个重点在抓，这也是在迎合时代的发展，满足市场的新需求。我对研发团队提了一个要求，教学的内容每隔一段时间要更新一次。每一位上台的演员，都认为自己最好的作品是下一部，教育也是这个道理。过去受到家长和孩子欢迎，说明过去精准掌握了孩子们在学习方面的问题。但是，生活中源源不断地有新事物冒出，孩子们的学习也难免出现以前没有遇到过的问题。就像手机成瘾是现在家长很关心的问题，但把时间提前十年，那时的家长最关心的还是电脑成瘾。作为老师，只有不断地自我学习、归纳总结，才能及时提供有用的指导。

另外，这样做也是在给大家传递一个信号，就算老师有着20多年的教学经验，仍然要继续学习，因为智慧需要积累，感悟需要加深。学习是无止境的，"活到老，学到老"才是对待学习该有的态度。而有了学习力，"活到老，学到老"将是一种必然的结果。

不过，学习这件事，我们做得再详细、周到，终究只能引领，不能代劳，最终还是要靠家长带着孩子认真落实。希望《启动学习力》这本书，能给家长的教育、孩子的学习带来一些有用的启发。